日本の部活

文化と心理・行動を読み解く

尾見康博

BUKATSU

ちとせプレス

はじめに

たいていの日本人なら「部活とは何か」とあらためて問うことは少ないだろう。かくいう筆者も、部活そのもののあり方などについて深く考えたことはなかった。

筆者にとって大きな転機は二〇〇九年から二〇一一年まで家族とともにすごしたアメリカでの経験であり、そして帰国後の経験である。当然ながら、経験とはいっても、筆者自身が実際に部活に入っていたわけではなく、親として娘や息子の活動を見学したり、コーチや他の保護者の話を聞いたりしたことではある。

本書は、この経験をベースとして日本の部活に文化心理学的観点からアプローチし、部活とは何かについて筆者なりに探った成果である。

なお、部活には大きく分けて運動部と文化部とがあるが、本書で紹介する内容は程度の差こそあれどちらにも関係している。しかし、二〇二〇年の東京オリンピック・パラリンピック開催を前にして、学校の運動部だけでなく日本のスポーツ界全体で、不祥事の話題が連日のようにテレビやネット上で取り上げられている。また「部活」という言葉からまずイメージされるのが運動部ということもある。

こうした事情もあり、本文中で事例を紹介する際には、どうしても運動部の話題に偏ることをあらかじめお断りしておく。

目次

コラム

目　次

第1章

部活（BUKATSU）とは

ショッキングな出来事

二年半に及ぶアメリカでの在外研究期間を終え、筆者が日本に帰国したのは二〇一一年の九月だった。帰国後の再適応に思った以上に時間がかかり、やっと落ち着いて部活について研究してみようかと考え始めた矢先の二〇一三年一月、ショッキングな出来事が報じられた。前年の一二月、大阪市立桜宮高校の男子バスケットボール部キャプテンが顧問の度重なる体罰により自殺に追い込まれたという事件である。『アタックNo.1』[1]や『スクール☆ウォーズ』[2]といった「スポ根アニメ」や「スポ根ドラマ」が流行し、「校内暴力」が全国で多発していた一九七〇〜八〇年代ならいざ知らず、半世紀近く後の出来事とは思えなかった。少なくとも教室での体罰はもはや日常的なものではなくなっている（と信じている）にもかかわらず、こんなことがありう

[1]『アタックNo.1』は、浦野千賀子作の女子バレーボール部を舞台とした漫画であり、一九六八年から週刊マーガレットに掲載された。六九年末から七一年にかけフジテレビ系列で放映され、その後

るのだろうか、部活ではまだここまでひどいのか、それとも桜宮高校が特殊なのか、だとしたらどのように特殊なのか、といった疑問が次々に浮かんできた。

　そのことに加えて、いや、それ以上にショックだったのは、むしろそのあとだったかもしれない。この事件に対するマスメディアの姿勢は基本的には体罰を否定するものがほとんどであり、[コラム①]二〇一三年三月一三日には文部科学省もあらためて各教育委員会等に「体罰の禁止及び児童生徒理解に基づく指導の徹底について」（文部科学省、二〇一三）という通知を出すなど、「体罰をしてはいけない」という雰囲気が学校教育界隈でよりいっそう強まったにもかかわらず、全国各地で部活の顧問による体罰が止むことはなく、体罰シーンを記録した映像が動画サイト等を通じて次から次へと公開されたのである。このことは、桜宮高校のバスケットボール部が特殊だったわけではなさそうだということを示しているだけでなく、部活指導において体罰を否定しにくいような、とても根深い何かがあることを感じさせた。そしてこの年は、女子柔道の日本代表監督による体罰が大きく報じられたこともあり、部活に限らずスポーツ指導の現場で体罰が常態化されているのではないかという疑念が一気に広がった年であった。

　筆者の娘はアメリカから帰国したときに中学三年生だったので、高校受験を経て年度が明けてから所属高校のバスケットボール部に入部した。息子は帰国したときには

何度も再放送されている。スポ根（「スポーツ根性もの」の略）アニメの代表の一つであり、「苦しくたって 悲しくたって コートのなかではへいきなの」で始まる有名なテーマソングは、この漫画のストーリーを端的に表しているといえる。

［2］『スクール☆ウォーズ』は、一九八四年から八五年にかけてTBS系列で放映された高校ラグビー部を舞台とした学園ドラマであり、不良たちが中心の弱小チームが熱血顧問の下でメキメキ力をつけていくスポ根ドラマの代表作。馬場信浩作のノンフィクション小説『落ちこぼれ軍団の奇跡』をベースに製作されたとされている。

コラム① 桜宮高校と顧問教師のその後の経過

マスメディアが体罰を否定するのは，体罰が法律違反なのだからあたりまえだともいえる。ただ，当時の橋下徹大阪市長がそうであったように，事件発覚直後は一定の体罰を容認する意見も散見されていた。桜宮高校の場合，当事者である元顧問教師は2月13日付で懲戒免職となったが，その決定に先立ち，桜宮高校バスケットボール部OBや保護者らが中心となって元顧問教師への寛大な処分を求め，嘆願書を大阪市教育委員会に提出していた。しかし，嘆願書の甲斐なく，その後の刑事裁判でこの元顧問教師は9月26日に懲役1年，執行猶予3年の有罪判決を言い渡された。なお，遺族は傷害致死罪の適用を主張していたが，起訴されたのは暴行罪と傷害罪であった。

また，桜宮高校体育科の入試を中止すると発表した橋下市長への抗議として，桜宮高校の運動部でキャプテンをしていた3年生たちが記者会見を行い大きな騒動となった。結果的にはキャプテンたちの抗議はかなわず，体育科の入試は中止されたのであるが，行政に対する生徒たちの抗議など，通常であれば学校側が止めに入って実現しないはずであり，学校側のいやらしい意図が透けて見える非常に後味の悪い記者会見であった。これらの経過については，週刊大阪日日新聞（2013）や大阪市（2017），島沢（2014）等を参照のこと。

小学五年生で、アメリカに引っ越す前に入っていた地元のサッカー少年団に再び入り、中学、高校ではバスケットボール部に入った。幸い、二人の子どもは殴る蹴るといった身体的接触を伴う体罰を受けたことも見たこともないと言っており、筆者自身が見学した試合などでも、相手チームを含め体罰を見る機会は一度もなかった。とはいえ、対戦相手も含めて一般論としていうと、部活の顧問やコーチからの声かけや指導の仕方には疑問を感じることも少なくなかった。とくに「言葉の暴力」と呼べるような「厳しい指導」は数限りなく目撃した。

この「言葉の暴力」に過敏になったのは、アメリカでの経験によるものであることは間違いない。ご存じの読者も多いかもしれないが、アメリカ[3]では、「言葉の暴力」どころか、日本人の感覚からすれば「それ、ほめすぎじゃないの」と思うくらいに指導者は子どもたちをほめまくっていたのである。

以下は、アメリカの課外スポーツと日本の部活を共に経験した娘がバスケットボール部を引退した際にフェイスブックに投稿した記事の抜粋である。

「本日女子バスケットボール部を引退いたしました
部活としてバスケをするのは初めてで最初は部活もみんなも理解できなかった
基礎練ばっかだし精神がどーちゃらこーちゃら言われるし

[3] アメリカにおける学校間格差は日本とは比べものにならないので、ここでいう「アメリカ」はミドルクラスの多い地域に限定されるかもしれない。

他の行事や勉強も思う存分できなかったりして、なんでストレス発散するはずの運動で悩まされなきゃいけないんだろうって
それでも続けられたのは自分が負けず嫌いで、そしてこのメンバーとバスケ自体が大好きだったからだと思います
（以下略）」

アメリカでの課外スポーツを経験したあとの部活だったこともあって、適応に苦慮したことがうかがえるが、日本の部活に比べてアメリカの課外スポーツでは、基礎練習が少なく、精神論があまりなく、他の行事や勉強との両立がたやすいことを示している。また、非常にポジティブな最後のまとめ方はいかにも日本人的なもののように思えるが、それは同時に、娘が最終的には日本の学校に適応できたことを意味しているのかもしれない。

いずれにしても、このような社会的事象や個人的経験が合わさって、研究対象としての「部活」が筆者の前面に立ち現れたといえる。

なぜここまで体罰に寛容なのかという疑問

一九九八年から大学の教員養成系学部で教員をしている身としては誠に恥ずかしい話なのであるが、じつは、「部活」に研究上の興味をもち始めるまで、教員養成課程の授業で部活について取り扱わない（取り扱う必要がない）とは思っていなかった。部活が課外活動[コラム②]であることは承知していたが、「特別活動」に関する授業などの中で取り上げられているのではないかと勝手に推測していた[4]。部活を取り扱う授業がないということに気づいてからは、青年期の心理学に関する自分の授業で、部活そして体罰について必ず取り上げるようにした。

桜宮高校の事件が報道された直後の二〇一三年度には、その授業の受講生を対象として体罰に関する調査を実施したのだが、その調査結果がこれまたショッキングであった。調査とはいってもE-learningのシステムを用いたものであって、匿名でなく顕名、つまり誰が回答したかが特定できる形式の調査であり、体罰に関する調査としては社会的望ましさが非常に高く出やすく、本音が出にくいものであった。そのため、かなりのバイアスがかかったものとして結果を解釈する必要があった。また、体罰を受けたことも見聞きしたこともない回答者は、その後の質問に回答しなくてもよいという形式であり、面倒だと思えば、実際に経験していたり見聞きしていたりしたとしても「見聞きしたこともない」と回答したくなるような、実態を正確に把握する調査としては問題の多いものであった。そして、授業が教職科目の一つでもあり、桜宮高

[4] 実際の「特別活動」に関する授業では、児童会や生徒会といった子どもたちの自治活動、入学式、卒業式、運動会、文化祭といった学校行事について取り扱う。

コラム② 部活は課外活動

部活は課外活動であるため，学習指導要領には部活に関する記述はほとんどない。中学校学習指導要領（文部科学省，2017a）では「第1章　総則」の「第5　学校運営上の留意事項」の「1　教育課程の改善と学校評価，教育課程外の活動との連携等」の「ウ」に「教育課程外の学校教育活動と教育課程の関連が図られるように留意するものとする。特に，生徒の自主的，自発的な参加により行われる部活動については，スポーツや文化，科学等に親しませ，学習意欲の向上や責任感，連帯感の涵《かん》養等，学校教育が目指す資質・能力の育成に資するものであり，学校教育の一環として，教育課程との関連が図られるよう留意すること。その際，学校や地域の実態に応じ，地域の人々の協力，社会教育施設や社会教育関係団体等の各種団体との連携などの運営上の工夫を行い，持続可能な運営体制が整えられるようにするものとする。」とある。高等学校学習指導要領（文部科学省，2017b）も文言については一言一句同じである。学習指導要領の改訂のたびに少しずつ教育活動との関連性を強調する度合いが増している面もあるが，基本的には，学習指導要領の周辺的な箇所にかろうじて位置づけられているだけであり，どのくらいの時間をかけてどういう内容をどのように指導するか，という記述はないのである。

校の事件報道から一年も経っていない時点でもあるので、体罰を受けた経験の有無を聞いても実際よりもかなり低く出るだろうし、体罰を受けたことを納得するかどうかと尋ねても、「納得しない」という回答がほとんどだろうと思っていた。教職科目の受講生という立場としてはそれが「正解」だからである。

ところが、驚くべきことに、有効回答者数一二九名のうち約半数が体罰を受けたことがあると回答し、見たことも聞いたこともないという回答は約二〇パーセントにすぎなかった（尾見、二〇一四a）。さらに、実際に体罰を受けたことがある者のうち約八〇パーセントが体罰を受けたことを納得していたのである（図1）。その後二〇一六年度まで同様の調査を続けたが、体罰を受けたことがあるという者の割合は二〇パーセント前後まで低下したものの、納得しているという割合は七〇パーセント程度を維持していた。また、中学・高校時代に限っていえば、体罰を受けた状況は部活が約半数を占めており、授業時間や休み時間、それから地域のスポーツクラブなどを押さえて最も多かった[5]。このように体罰の多くが課外活動である部活中に生じているだけでなく、回答者による体罰の具体的内容には凄惨なものが少なくなかった。その例をいくつかご紹介したい（表1）。この結果からも、桜宮高校での体罰が必ずしも特別なものとはいえないことが推測できた。

読むのもつらいほどだが、こうした具体的事例は、その後もさまざまなメディアで

[5]　全国的に見ても、体罰による懲戒処分等の行政処分の件数は、中学校と高校では部活動の場面が最も多く中学校で八三件（三二・九パーセント）、高校で六五件（三四・八パーセント）である（文部科学省、二〇一七c）。

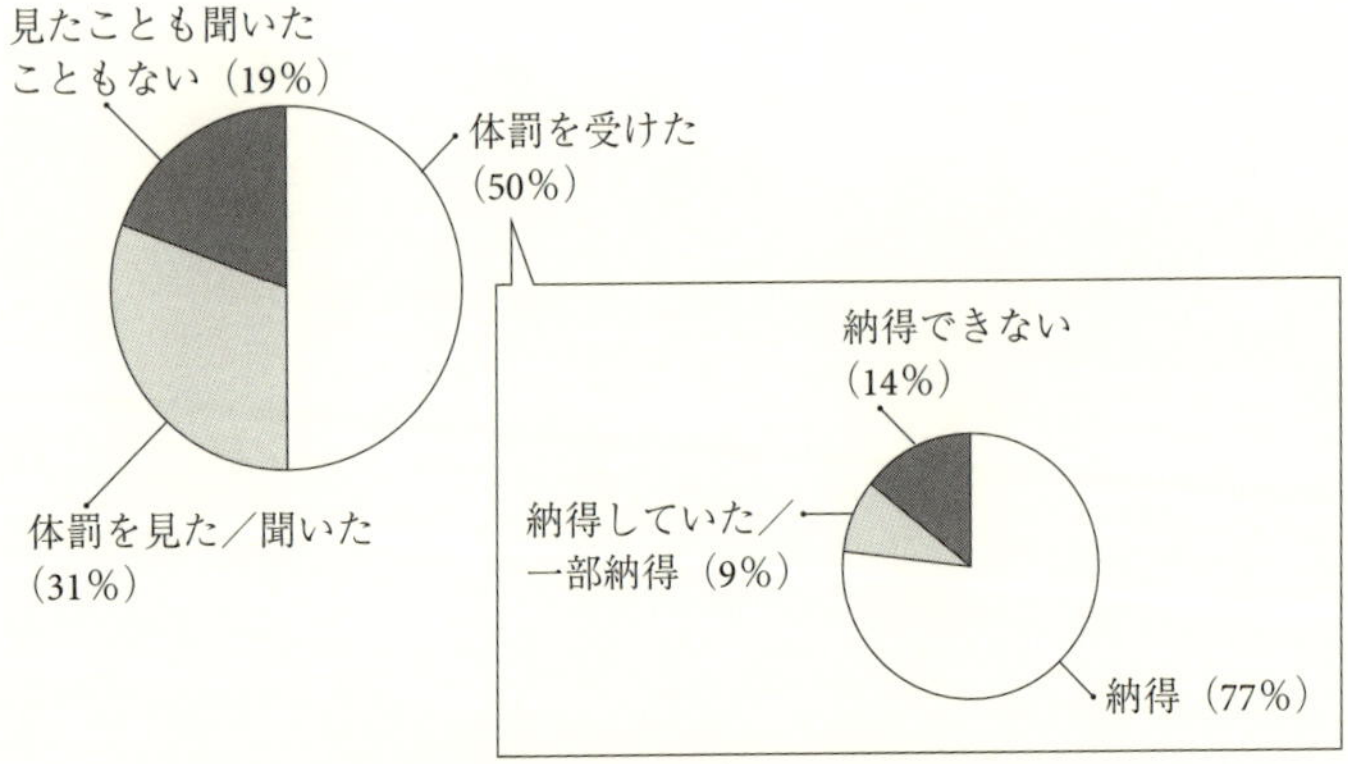

図１　体罰被害経験率および納得率

（出典）　尾見（2014a）。

も見聞きするし、筆者の授業の受講生からも毎年のように聞いている。

部活の意義

体罰が原因で生徒が自殺するといった報道はショッキングでもあり、大きな社会問題にもなったが、その後、体罰以外の部活の問題点もマスメディアやネット上で取り上げられるようになってきた。とくに現役教師が部活顧問制度の現状に異を唱えたブログ「公立中学校　部活動の顧問制度は絶対に違法だ!!」が評判になり、教師の労働環境としての部活のあり方が問題視されている。また、「ブラック部活動」（内田、二〇一七）という言葉も現れるなど、部

表 1　実際に受けた体罰の事例

調査年	内容	納得しているかどうか
2013 年	中学時代，剣道部練習中，少し遅れるだけで怒鳴られ，竹刀で叩き倒される。外へ投げ出され雪の中胴着で血のにじむ素足のまま素振り。	納得している。先生は徳の高い人だったし，厳しいだけでなく，優しくもあった。体罰ではなく指導と受け止めている。信頼関係が築けていればある程度の強い指導は体罰とは受け取られないのではないか。体罰という言葉が体罰を大きくしている。
2014 年	高校時代，バレーボール部の練習中。ビンタ，グーでパンチ，髪を抜かれる，服を破られる，スリッパで顔を叩かれる，水をかけられる，バケツをかぶらされボールを当てられる，唾をはかれる等。理由は，監督の思うようなプレーができないから。	納得している。当時はいやだったが，監督のおかげで勝てたと思うので今は体罰だとは思っていない。上を目指すチームなら誰もが通る道だと思っている。なので「体罰」と世間が騒いでいることのほうが納得いかない。命を落とすことにつながるものもあり，それについて「体罰」といって騒ぐのは分かるが……。
2015 年	中学時代，バレーボール部練習中，平手打ち，蹴る，ペットボトルやスリッパで叩かれる，度を超えた暴言。試合中の大事な場面で基本的かつ重大なプレーミスをしたり，挨拶の声が小さかったり，生活態度が悪かったとき。	納得している。
2016 年	高校時代，バスケットボール部練習中。ミスをしたときや，指導されたことができないときにビンタ。	納得している。それほど熱中して指導してくれてたことが分かっていたし，先生という仕事が忙しい中で，土日を返上して試合をさせて，自分たちが何度言ってもわからなかったら。

活を取り巻くさまざまな問題点が噴出している。その具体的な問題点は次章以降で紹介するが、いうまでもなく、部活には問題点しかないということはない。問題点があると言われながらも存続し続けているのには、それなりの理由があるはずである。

たとえば、日本で子育てをしている知り合いの韓国人は、「スポーツが得意ではない生徒も含めて、スポーツを経験する機会を学校が提供しているのはとてもいい」と言っていた。[6]また、友情や人間関係の構築を部活の重要な機能として挙げる人も多い。たしかに、部活の仲間との関係、そして部活の顧問との関係は卒業以降も続くことが珍しくない。たとえば、結婚披露宴に担任の先生を招待せず、部活顧問の先生を招待するということも多いのではないだろうか。こうした背景には、部員同士で過ごす時間が長いというだけでなく、勝負に勝ったり負けたり、発表会やコンクールに出て、成果が評価されたりすることにより、仲間と喜び合い、慰め合い、あるいは共に涙したりすることで、部員同士、そしてときには顧問も含めた一体感が強烈にもたらされるといったことがあるだろう。「青春」という言葉がなじみのある世代であれば、「部活は青春そのもの」という人も少なくないだろう。

そのほか、課外活動でありながら学校教育の一環と見なされているということもあるため、部活を通じて人間性を磨けるとか、礼儀を学べると言われることもある。学校周辺での清掃活動を定期的に実施する部活もある。部活がなければ人間性を磨けな

[6] 実際にお子さんが中学生になり部活の現実を知ってからは、問題点を認識するようになったとも言っている。

いのか、とか、礼儀を学べないのか、という問題はここでは触れないことにしても（詳細は第2章参照）、大声ではっきりと保護者にあいさつするのが「いかにも野球部らしい」などと好意的に評されるのもよく聞く話であり、部活での指導の成果の一つとして、試合や競技における勝利だけがあるわけではないことがこうした例に示されている。

BUKATSUの文化心理学

日本の部活では体罰や（言葉によるものも含めて）暴力が問題となってきたが、先述の通り、アメリカの課外スポーツの現場では、コーチや親がほめまくっているという現実を目の当たりにした。[7] なぜこれほどまでに違っているのだろうか。それとも、表面的に違っているように見えるだけなのだろうか。あるいは、東アジアの文化的慣習などとの関係があるのだろうか。次章以降で、日本の部活が国際的観点からどのように独自であるのかについて、文化心理学の立場から見ていく。

ところで、「部活」の正式な言い方は「部活動」であり、また、教育学や体育学では「運動部活動」という用語がしばしば用いられる（中澤、二〇一四など）が、本書であえて「部活」とする理由は次の二つである。

［7］もちろんこれは極端に対象化した図式であり、日本でもよくほめるコーチもいれば、アメリカでも体罰が報道されることもある。

① 中高生やその保護者、中高の教師の間で「部活」という呼称が定着していること。

② 体罰をはじめ、部活動の問題の多くは「運動部（活動）」が舞台になっていることが多いが、「文化部」と分類される部活動の中でも、吹奏楽部や合唱部など、運動部と同様の問題が指摘されることが少なくないこと。

そこで、おおまかではあるが、「部活」の一般的イメージに合致する、全国大会があって練習時間が長く、先輩・後輩関係が厳格だったり顧問の指導が厳しかったりする部活動をここでは「部活」と呼ぶこととしたい。そもそも「練習」や「指導」という言い方そのものが「部活」っぽさを表しており、たとえば写真部や茶道部などに「練習」という言い方はなじみにくいだろう。

なお、「部活」は「部活動」の略称と考えられるが、活動だけでなく「部」あるいは「クラブ」そのものを指すこともある。「部活に入った」「部活やめようと思う」といった用法がそうであり、その意味する範囲の広さも日本独自であると考えられる。

また、わざわざタイトルにローマ字でBUKATSUと添えた理由は、どうやら部活が日本独自のものであるらしく、たとえばextracurricular school activitiesと部活とを同義のものとして海外と比較してしまうと、部活の本質がそげ落ちてしまい、外国に伝わらないことになるだろうと思ったからである。そしてそのことがまさに、部活（BUKATSU）が文化心理学のテーマにふさわしい理由である。

文化心理学がどういう学問分野かを説明する際によく対比されるのが比較文化心理学であるが、比較文化心理学が「心はすべての人間に共通している」という立場をとるのに対して、文化心理学はそのような立場をとらない[8]（Shweder, 1990 など）。たとえば、集団主義尺度という共通の指標への回答を複数の文化から集めて、平均値を文化間で比較し検討するといった手法は典型的な比較文化心理学的手法といえるが、基本的に文化心理学はそのような手法を採用しない。むしろ個々の文化特有の指標があり、単純に多文化間で比較できるものではないという立場をとる。もちろん、共通の指標がないからといって比較できないわけではなく、たとえば、「ある文化では集団主義というとらえ方があるが、別の文化ではそういうとらえ方そのものがない」といった比較はできるし、「ある文化では○○的な集団主義が特徴的だが、別の文化では××的な集団主義が特徴的である」といった比較も可能である。また、共通の指標が最終的に発見され比較文化心理学と同様のスタイルで表現することもありうるだろう。そして、文化心理学のこうした特徴は、データ収集の方法や理論化の方向がボトムアップであることにつながる。人々の営為を丹念に観察することから、慎重に適切な理論

［8］ただし、この立場の相違は個々の実証研究の方法と密接に関連しており、人間共通の心を前提とすることと、測定可能な共通の（特性）次元を前提とすることには距離がある。人間共通の心を前提としたとしても、共通の次元を前提とした方法を採用しないことも理論的には可能であろう。

的道具を利用しながら「文化」が浮き彫りになっていく様子を描く、といえばいいだろうか[9]。

次章以降では、文化心理学的な観点から、部活の諸問題にアプローチする。まず、部活に関する先行知見に加え、筆者が部活や国内外の類似した活動およびその周辺を（半ば当事者として）観察した結果も踏まえて仮説的に得られた「勝利至上主義」（第2章）、「気持ち主義」（第3章）、「一途主義」（第4章）、「減点主義」（第5章）という部活の四つの主義について説明する。そして、それぞれの主義が教育的、発達的および社会的にどのように負の影響をもたらすかを、諸外国の事例などを引き合いにして検証する。最後に、部活の問題が部活にとどまらず日本の学校の問題でもあり、また日本社会そのものの問題と通底していることを指摘し、日本文化論としての部活論を展開する（第6章）。

［9］文化心理学の詳細については、木戸・サトウ（二〇一九）、田島（二〇〇八）、増田・山岸（二〇一〇）を参照。

第2章

勝利至上主義

勝利至上主義の弊害は以前よりあちこちで言われている。ただその一方で、勝利至上主義批判に対して、「では勝つことは悪いことなのか」という反論が時々見受けられる。実際のところ、勝つことが悪いことだと思っている人はほとんどいないだろう。ここでは、勝つことを求めすぎるあまり、他の大事なことをおろそかにしたり、ないがしろにしたりしてしまうことを勝利至上主義とする。したがって、勝利至上主義批判は、勝利への過度のこだわりに対する批判ということになる。

では、勝利以外の大事なこととはどういうことだろう。

その答えをここでは、健康、平等、個性、そして楽しむこととし、それぞれが勝利至上主義によってどのように損なわれてしまうかについて順に述べていきたい。

ケガは不健康?

部活において健康に関する話題が出てくるとすれば、「風邪を引いたので練習を休みます」とか「この大会、去年は部員の間でインフルエンザがはやって散々な結果だった」等、内科に通う必要がありそうな症状が見られるときだろう。なぜこのようなまどろっこしいことを言うかというと、アメリカのスポーツでは〝healthy〟や〝unhealthy〟という単語が内科的な症状だけでなく、外科的な症状にも使われていたためである。日本では、部活に限らなくても、健康や不健康という言葉を外科的な症状、つまりケガに対して使うことはまれである。よく考えてみれば、内科に通うにせよ外科に通うにせよ医療的処置を受けたり薬を処方されたりする点では変わらないのだから、ケガをしたプレーヤーを不健康である（unhealthy）と見なすことは不自然ではないはずである。しかし、日本で「健康に気をつけて」というときに「ケガしないように」という意味は含まれないし、大ケガをしてしまったときに「健康を害した」とは言わない。

むしろ部活を始め日本のスポーツの場合、ケガをすることが一人前、あるいは勲章のように語られることもある。それどころか、ケガをして痛がったり、呼吸するのもつらくて立ち上がれなかったりするようなときにも、「痛がるな」とか「早く立て」と声かけするのがあたりまえのような空気がある。野球の千本ノックのシーンなどが思い浮かぶ読者もいるのではないだろうか。悲惨な例としては、練習中にフラフラになっても、「演技じゃろうが」と言われ、そのうえ体罰まで受け、不幸にも亡くなってしまったという事件があったが[1]、そこまで極端でないにせよ、限界まで走らせたりプレーさせたりするコーチが日本にはまだまだいるだろうし、そういうコーチが熱血コーチとして一定の支持を受けているようにも思える。息子の中学時代のバスケットボールの試合では、あきらかに走力が落ちてフラフラになっているプレーヤーを交代させずに、足がつって倒れてしまったのを見てようやく交代させるという場面に遭遇したことがある。素人なので何ともいえないが、熱中症にかなり近い状態のように見えた。その日は七月のとても暑い日で、エアコンのない公立中学校の体育館が会場だったのもあり、見ているだけでも汗が噴き出るような環境での試合だったのである[2]。

これに関連することでいうと、中高生、あるいは小学生も含めた子どもたちによって整形外科が混雑することが日本ではありふれた光景となっている（島沢、二〇一七）。日本の部活の場合、国際的に見て練習時間が異常に長いということに加え、ケガは健康問題とは別扱いされ、ケガに対して寛容であることがこの背景にあるように思われる。

他方、アメリカでは、転んですぐに起きないようなときには、基本的にコーチがすぐに交代させていた。また、立ち上がってプレーに復帰した選手にはベンチや観客席から大きな拍手が起きるのが普通であった。おそらく、多くの日本人から見れば「甘

［1］ 二〇〇九年八月に大分県の高校剣道部で生じた事件であり、二〇一七年一〇月には福岡高裁が元顧問の重過失を認め賠償金の支払いを命じた。公立学校の教師個人の部活指導中の行為に対する賠償金支払い命令であり、異例の画期的判決であった（日本経済新聞、二〇一七）。

［2］ ちなみに筆者のアメリカ滞在時、気候的には北海道と類似したボストン郊外に住んでいたのであるが、試合会場となったいくつかの学校体育館のすべてにエアコンが設置されていた（詳細は第3章参照）。

やかしている」ように見えるだろう。

アメリカではケガに対して敏感に対応するということもあるのかもしれないが、かりにそうだとして、逆になぜ日本はケガに対して鈍感なのだろうか。ケガをしているように見えるのに、あるいはフラフラな状態で走っているのに、なぜプレーを継続させるのだろうか。プレーを継続することでケガが悪化してしまうかもしれないのに、むしろプレーを継続することをよしとするのはなぜだろうか。

その理由の一つとして考えられるのが、必死でひたむきなプレーに対して、私たちが感動を覚えるということがあるだろう。たとえチームとしては弱くても、あるいは個人としてはいっぱいいっぱいだったとしても、勝利に向けた、そして「最後まで諦めない」必死なプレーは、勝ち負けを抜きにしてドラマチックでもあり感動を呼ぶ。逆に言えば、そういう雰囲気の中では、コーチは、プレーヤーのケガを気にして交代を命じることをためらいがちになるのかもしれないし、ましてやプレーヤー自身が交代を求めたりするのはもってのほかである、ということになる。

そして、このドラマチックさをテレビなどのマスメディアが巧みに演出して、増幅していると考えることができる。誤解を恐れずにいえば、なかでも最もドラマチックな感動に彩られているものこそ、高校野球という部活の大会である。高校野球は、あきらかに他の部活に比べて過剰に演出されている。都道府県の予選からベンチ入りのメンバー全員の名前が新聞の地方版に載ったり、全国大会では春も夏もテレビですべての試合が生中継されたりしておおいに盛り上がる。勝利の感動だけでなく、負けたチームの必死のプレーや涙、大差で負けていても最後までベンチや応援席から必死に大きな声を出す姿、そして、甲子園に出場するまでにさまざまなトラブルを乗り越えて勝ち上がってきたチームの物語や、一人のスタープレーヤーの生い立ちを追ったドキュメンタリー等、大会の試合そのものや、試合に出場しているプレーヤーだけでなく、周辺の情報までもがドラマチックにマスメディアによって伝えられる。この「甲子園の美学」とでもいうべき価値観が、野球を頂点として他のスポーツ競技、そして吹奏楽なども含む部活全体にあまねく広まっているように思える。

　あらためていうまでもなく、勝利至上主義はあくまで主義であって結果は伴わないものである。とくにトーナメント戦という高校野球でおなじみの対戦形式では、集団競技なら一チーム、個人競技なら一プレーヤーを除いてすべては敗者となる。だからこそ、圧倒的多数の勝てなかったチームやプレーヤーの価値を高める道具として「甲子園の美学」が巧みに利用されていると考えてみてもよいだろう。そもそも、英語の tournament は、日本でいうところの「トーナメント」とは違い、「リーグ戦」の意味も含んでいる。正直にいうと娘がアメリカで加入していたバスケットボールチームが参加した tournament の遠征に同行したときにはじめてそのことに気づいた[コラム③]。日

コラム③　コンピュータ・トーナメント

正直にいうと，以前，社会心理学関連の授業でアクセルロッド（Axelrod, 1980）のコンピュータ・トーナメントの話をしたときになぜこれが「トーナメント」なのだろう，とは思ったが，その疑問を放置してしまっていた。このコンピュータ・トーナメントでは，協力か非協力かの二者択一の選択肢が与えられる「囚人のジレンマ」という状況下でどういう戦略（プログラム）が最大の利得を得るか，ゲーム理論家などからプログラムを募集するなどして，さまざまな戦略を総あたりで競い合わせたものであり，日本語では「リーグ戦」に相当する対戦形式である。

本流の「トーナメント」はノックアウト型の tournament に相当し、先述の通り、優勝チーム、優勝プレーヤー以外は全員負けて終わる形式を指す。

いずれにせよ、この形式は、負けたらその時点で終わりなので、強いチーム、プレーヤーでもつねに油断できないし、負けるリスクをできるだけ低めようというインセンティブが働くので、コーチや保護者はもちろん、プレーヤーも勝利至上主義を採用しやすい土壌を形成する要因となっているといえる。他方、リーグ戦形式の場合、すべての試合に勝たなくても優勝する可能性があるだけでなく、負けた瞬間に大会が終了するわけでもない。もちろん勝つ方がいいだろうが、この試合限りであるということでなければ、指導者も勝ち負けにこだわらず、プレーヤーやチームの力をじっくり育てようとしたり、いろいろなことを試したりする余裕ができるだろう。中学や高校のスポーツではたいてい年に三回程度の公式戦があり、地方予選からすべて「トーナメント」で実施されるので、負けないための戦略や戦術が最優先されるのはやむをえないともいえる。そして、結果として敗北で終わるチーム、プレーヤーがほとんどであり、試合に関われない部員も多いということがあって、勝ち負けを問わず「清々しい戦いぶり」「心のこもった応援」等々が美談として勝利至上主義を中和させる役割を果たしているのかもしれない。ただ、部活が教育の一環として実施されている以上、ときに個々人の健康がないがしろにされたり、そのことをマスメディアが美談にして昇華しようとしたりすることにはおおいに疑問を呈したいところではある。

ところで、プロや日本代表レベルの話として、勝利至上主義に密接に関連する健康の問題といえばドーピングの問題が挙げられる。このレベルでは、勝利そのものがときに莫大な金銭的報酬につながるので、ドーピングは純粋な意味での勝利至上主義と整合しているとはいえないかもしれない。ただし、そのように考えたとき、部活の勝利至上主義もまた金銭的な問題と関連している面もあるということに気づく。つまり、野球をはじめとして高校時代の成果はその後のプロへの道につながりうるし、いままでは中学生や高校生の日本代表（候補）選手にスポンサーがついたりするなど、勝利とカネの問題は切っても切り離せない。もちろんプレーヤーだけでなく、コーチも勝利が多額の報酬につながることもあるし、有名なコーチになると給与とは別に、部活の保護者から「謝礼」といった形で非公式に金銭を受け取っているといううわさは絶えない。

いずれにしてもこのような条件下において、コーチは子どもたち一人ひとりを長期的視点で育成しようという発想はもちづらく、短期的視点で結果を出すことを目標にしやすくなる。保護者や子どもたちもまた同様であろう。いまここで勝つことよりも、この子たちの将来のことを考えて勝つことの優先順位を下げる、といった考えはむしろ否定されてしまうのが落ちだろう。女子の陸上長距離の例を挙げれば、「やせれば速く走れる」という誤った信念が広まっていて、過度なダイエット、そしてその対処法としての過剰な鉄分摂取が、短期的には成果をもたらしてはいても、プレーヤーの健康やその後のアスリート人生への悪影響につながっているという（日本陸上競技連盟、二〇一六）。これは中高の陸上部はもちろんのこと、一部は小学生などにも広がっているということも聞いたことがある。野球部やサッカー部などでよく聞く、「白米をたくさん食べて身体を大きくする」コラム④というのも逆の意味で問題であり、食や栄養に関して非科学的な信仰が日本の部活の周辺に見られることについて早急な改善が望まれるところである。そして、コーチや指導者の意識だけに問題を矮小化せずに、日本のス

コラム④　白米信仰

「合宿時にどんぶり飯2杯食べるのが義務」だとか，「1日練習の際のお弁当のご飯は2合持ってくるようにコーチから指示された」などが好例だが，食べられない生徒の中には，おかわりするときに他者からはわからないように少なく盛る工夫をする，という笑い話のような話や，指導者に逆らえないために無理やり詰め込んで，直後にトイレで嘔吐するといった話まである。もちろん，食べられる子はどんぶり飯を何杯もおかわりして食べてもよいだろうが，栄養のバランスを考える必要もあるだろうし，食べ過ぎを注意しなければならない場合もあるだろう。いずれにせよ，部活に取り組んでいる世代の子どもたちは個人差も大きいので，部員全員に一律で同じだけ食べるよう求めることは不合理であるし，非科学的である。

ポーツ、そして部活を取り巻く諸条件に広く目を向け、その修正に取り組むべきであろう。

アメリカの課外スポーツでの平等規範

「甲子園の美学」とは別に、日本人がケガに鈍感である理由としてレギュラーと補欠の格差が大きいということが挙げられる。アメリカの課外スポーツでは逆にプレーヤー間の出場機会の格差が少なく、かなり平等だった[3]。そして、この平等な選手起用については、欧州のいくつかの国で調査したときにも同様であった。

アメリカの課外スポーツにおける平

[3]　アメリカでも学年が上がるにつれて平等でなくなっていくこともたしかである。また、出場時間が平等とはいえ、アメリカでは、シーズンごとに各チーム

娘が加入したバスケットボールチーム：チームメイトにも恵まれ，いつも楽しそうにバスケットボールをしていた

等な選手起用の一例を挙げてみよう。

二〇一〇年の二月、筆者の娘が七年生（日本の中学一年生に相当）のときに加入したバスケットボールの民間のクラブチームでは、新チームのメンバーが確定してまもなく、コーチによる平等主義の方針がEメールで知らされた。以下はその文面の一部である（和訳は筆者）。

「試合における出場時間はほぼ均等にします。出場時間の八五〜九〇パーセントは均等にするよう努めます。残り一〇〜一五パーセントは、練習や試合で一生懸命プレーする子に褒美として確保すると決めています」

でトライアウトが実施されることが多く、それに選ばれなければ加入できない。

バスケットボールの試合時間のうち八五～九〇パーセントは全選手を均等に出場させ、残りの一〇～一五パーセントは練習や試合での取り組み具合によって決めるというのである。当時、この方針自体に驚いたこともあるが、異国の地で友人が一人もいないクラブチームで、娘がずっとベンチで座っていることはないのだと思うと少しホッとしたし、いい方針だなとも思った。ただ、実際の選手起用がこの方針にかなり忠実になされているのを見たときには、本当にここまでするのか、とためらいすら覚えた。たとえばこのときの登録メンバー一〇名全員が試合会場に来ていた場合、スターター[4]五名の選手の中に非常に状態がいい選手がいたとしても、時間が来ると五人全員をベンチプレーヤーと入れ替えたりしたのだった。[コラム⑤] このような起用法は平等という意味ではよいかもしれないが、チームとしては強くならないのではないか、とさすがに筆者も当初は思っていた。

たしかに一四週間に及ぶシーズン[5]の前半は負けてばかりであった。しかし驚くべきことに、試合を重ねていくにつれて勝つことも増えてきた。チーム力がどんどん上がっていくことが素人目にもよくわかった。とくに、明らかにチームの足を引っ張っていた子の上達ぶりには目を見張った。何よりも、スターターもベンチの選手たちもみんなじつに楽しそうにバスケットボールをしていた。

[4] 日本では、スターターを「レギュラー」「スタメン」「先発」などと呼び、ベンチを「補欠」などと呼ぶことが多いが、とりわけ「レギュラー」と「補欠」という呼称は固定化された役割を表現するように思うので、ここではあえて「スターター」と「ベンチ」という用語を用いる。

[5] このチームの場合、ほぼ隔週の割合で週末のトーナメントに参加し、平日は週に二日、それぞれ約一時間半ずつの練習をしていた。

コラム⑤　休むことへの寛容さ

面白いことに，このチームに限らず，ケガとか病気といった「健康」上の理由で試合に参加しないだけでなく，家族行事といった理由で参加しないことも珍しくなかった。さらに，他のスポーツ競技の試合と時間が重なってしまったとか，同一スポーツで町のチームと民間のクラブチームの 2 つに入っていてそれらの試合の時間が重なってしまったとか，さまざまな理由で登録メンバーの一部が試合会場に来ないということが頻繁に見られた。そして，試合に来なかったことによって，次の試合での出場時間が短くなるとか，出られなくなるとかそういうことはほとんど見られなかった（第 5 章参照）。

それはそうかもしれない。失敗しても決められた時間はずっとプレーを続けることができると思えば，どうすればうまくプレーできるかについて、試合中に試行錯誤する時間も十分あるだろうし、失敗をそれほど恐れないようになるかもしれない。また、コーチに言われなくてもみずから練習をしようとしたり、関連の書籍を読んだりネットで調べたり、さまざまな努力をしようとするかもしれない。そして、おそらくこれが後述する「楽しむこと」にもつながる。

もちろんアメリカのすべてのコーチが選手起用方針を全保護者に伝えるわけではないだろうし、伝えたとしても方針通り実行するコーチばかりでもないだろう。娘のチームのコーチはアメリカでも少数派かもしれない。実際、娘の学校選抜のバスケットボールチーム

コラム⑥　監督とヘッドコーチ

息子が所属していたチームでは,「コーチ」という呼称が用いられていたが, 日本のスポーツではプロアマ問わず, 英語の直訳では「ヘッドコーチ」となるべき競技でも「監督」という呼称が用いられることが多い。野球での「監督」という呼称が他のスポーツにも波及したのかもしれないが, 私見では, この「監督」という呼び方にも問題があると感じている。「コーチ」と異なり「監督」には絶対的権威が付与されているものだというニュアンスがある気がする。

のコーチは選手起用方針をとくに示さなかったし、四歳下の息子が経験したサッカーやバスケットボールのチームでもここまで具体的な方針は示されなかった。しかし、少なくとも筆者の子どもたちが所属したすべてのチームにおいて、試合でずっとベンチに座りっぱなしという子を見たことは一度もなかったし、方針は示されなくてもかなり平等な選手起用をしていた。筆者はすっかりこのやり方に慣れてしまったので、日本に帰国後、子どもたちが入った部活や少年スポーツの試合を見るのが本当につらかった。

日本の学校では珍しい不平等規範

先述の通り、帰国時に小学五年生だった息子は、渡米前に参加していた地域の少年サッカーチームに再加入することにした。じつは筆者たち家族がア

コラム⑦　コーチング

スポーツ学においてコーチングとは,「選手・チームとの間に良好な関係性を築きながらパフォーマンスを向上させるための思考及び行為のことであ」り，コーチング行動には，競技力の向上を目的とした指導行動と，人間力の向上を目的とした育成行動という 2 つがあり，今日的課題に対処できる全人的コーチングのためには，さらに，マネジメント行動，事故防止・安全対策行動，そして国際性に対応できる行動の 3 つが加わるという（図子，2014)。

メリカにいる間にヘッドコーチ[コラム⑥]と一部の保護者との間でもめごとがあり、ヘッドコーチが交代していた。以前のヘッドコーチが保護者の一人であったこともあり、ヘッドコーチの子どももやめていた。新しいヘッドコーチは、アメリカほどではないにしてもかなり平等に選手起用をしており、息子にとってはけっして悪くない環境であった。

ところが、やはり一部の保護者にとってはその選手起用が不満であり、結局五年生終了時に再びヘッドコーチが交代した。交代したヘッドコーチは子どもたちを集め「勝ちたいか」と聞き、子どもが同意すると、これからは勝つためのサッカーをやるというようなことを言ったらしい。このコーチはアシスタントコーチとして低学年のときから息子の学年のチームを見ていたのではあるが、サッカーのスキルもコーチング[コラム⑦]のスキルも高くはなかった。ただ、勝つためには甘やかしてはいけないし、勝つためには上手な子どもを優先的に試合に出場させるべきであるという信念をもっているようだった。まさに、勝利至上主義そのものといってもよいものだった。そしてそのような信念のもとで厳しく指導してほしい、勝てるチームにしてほしいというのが、少なくとも一部の保護者の要望でもあった。実際にこのヘッドコーチの交代前後でチームの雰囲気は大きく変わり、練習でも試合でも、ベンチからは厳しい声かけ[6]がなされるようになり、選手交代の回数もガクンと減った。

勝利を目的とするチーム方針に変わって結果はどうなったかといえば、まず、数カ月の間に二人の子どもが退団した。二人とも出場機会が大きく減らされていた子であった。そして、そういう厳しい競争を経てチームは強くなる、のかと思いきや、現実はむしろ逆であり、ヘッドコーチの交代前に勝っていた対戦相手に負けたり、公式戦をはじめ多くの大会で五年生時の結果を下まわったりという体たらくであった。

アメリカでは平等に出場させて勝つようになったチーム、そして帰国後は勝利のために出場機会を不平等にした結果むしろ勝てなくなるチーム、という好対照な現実を目の当たりにしたということである。

サッカーの例は部活ではなく、小学生の課外スポーツであるが、部活でもこれに似たような話は珍しくないだろう。そして部活だけでなく、日本の子どもたちが取り組む集団競技では一般的にいって、スターターとベンチプレーヤーの間の格差が大きく、

[6] 典型的には、「なにやってんだよ!」「どこに蹴ってんだよ!」「なんで自分でいかないんだよ!」といった、ミスに対する厳しい罵声であった。対戦相手の声かけには、「おまえのせいで先輩たちが引退することになったんだよ」「もう明日からサッカーやめるか」といったものもあった。

著しく不平等な扱いがなされているといってよい。[7]たとえば中学の部活で考えると、入部直後の技術や走力、体格などによってある程度の序列がなされ、それに従ってスターターが決められたりするので、夏に三年生が引退して新チームが発足するときにはすでに、入学当初の序列が明瞭になり固定化される。これは、娘が帰国後の高校時代に所属したバスケットボール部に見られたことであるが、力の差が明確でおよそ勝てそうにない相手であっても、スターターを使い続け、あまり上手でないプレーヤーにまったく出場機会を与えなかったりするのである。

強豪バレーボール部に入った生徒が、高校三年間で一度も公式戦に出場できないどころかベンチにすら入れなかったとしても、「試合には出られなかったけど、バレーボール部に入って本当によかったと思います」と言ったり、そういう生徒に対して「彼が裏で支えてくれたおかげで僕らはバレーボールに専念でき、いい結果が残せた」みたいなことをキャプテンが言ったりする。こういう話は部員同士の美しい友情の物語としても語られたりするが、たとえば、そもそも野球部に入って一度も真剣勝負の野球を経験できない部員がいるということ自体に本来は疑問を感じていいはずである。息子が中学時代に所属していたバスケットボール部のベンチプレーヤーの一人の言葉が忘れられない。

[7] プロあるいは成人の場合は、日本以外でも交代が少ない集団競技もあることは確かである。サッカーや野球がその好例であるが、たとえば野球の場合でも、日本に比べてアメリカのMLBでは投手の交代が頻繁にあり、日本ほど「完投」にこだわらないことはよく知られている。

「おれはレギュラーになりたくない」

理由を聞かれると、次のように答えた。

「疲れるから」

あきらかに、自分の置かれた立場を正当化するために精一杯強がって見せていた。実際にスターターのプレーヤーは試合ではヘトヘトになるまで走りまわり、家に帰るとすぐに寝てしまうという話を保護者を通じて聞いていたが、出場時間がわずか、あるいは皆無のベンチプレーヤーは疲れようもないのである。

そもそも悪平等とも揶揄《やゆ》されることすらある日本の学校現場の一角で、なぜここまで不平等がまかり通るのであろうか。[コラム⑧]

コラム⑧　学校の価値は部活で決まる

内田（2017）が喝破するように，公立の学校でも訪問客に目立つように全国大会出場とか地区大会優勝などの横断幕がデカデカと掲げられていることがよくある。訪問客が必ず立ち寄るような場所には部活の実績を示すトロフィーや賞状などが飾られている。一方，数学の点数や校内模試の得点に関しては生徒への影響などを考慮して，掲示されることはまれであり，優秀な学業成績を掲示して宣伝するのは，むしろ学習塾や予備校である。（公立）学校を PR するのが部活なのであれば，教師にはそちらに力を注ぐインセンティブがあることになるし，学校の価値，そして教師の価値は学業ではなく部活で決まると思ったとしても不思議ではない。

しかも、部活の顧問は所属学校の教師が兼務することが多いので、同じ人物が授業と部活とでまったく別人のような「教育」方法・手段を生徒に示していることになる。平等、不平等の違いも不思議だが、教室では見せないような怒号や罵声が部活練習中では見られたりするのはなぜだろうか。

スポーツ選手に有利な誕生月に関する文化的背景

中学校の部活では、入学直後の技術や体力、体格などによって序列化されがちであることは先述したとおりであるが、もとをたどれば、小学校のうちから技術的にすぐれていたり体格が大きかったりすることが中学校以降の部活で有利になることを意味する。

そうした現実を知っている親たちは、できるだけ小さい頃から、つまり部活を始める以前から特定のスポーツのチームに入れたり、できるだけ自分の子どもの体格を大きくしようと努力したりする。それは、学業面での早教育、あるいはピアノやバイオリンといった楽器を幼少期から習わせるのと似たようなものといえる。

しかしながら、わが子がスポーツで大成するのに少しでも有利になるようにバース・コントロールしている人がいるという話を聞いたときにはさすがに驚いた。誕生月による有利・不利については、筆者も野球とサッカーについて調査したことがあるが、これがなんと、本当に関連が見られてしまった（榊原・尾見、二〇〇五）。月あたりの日数を調整して計算したところ、プロ野球選手やプロサッカー選手の誕生月は、みごとに日本の学年歴に対応しており、四月から六月あたりが多く、一月から三月のいわゆる早生まれは非常に少なかった[8]（図2）。人数の多い月と少ない月とで比べると、サッカーでも野球でもおよそ三倍の差が生じていたのである。[コラム⑨] 他方、アメリカの野球とイタリアのサッカーではこのような関連は見られなかった（尾見・榊原、二〇〇六）。

筆者らはこうした違いをもたらす背景を次のように考えた。スポーツ（体育）は、他の教科などと比べて、自分のパフォーマンスをつねに他者に見せ続けるという特徴があり、また、能力がすぐれていることを恥じたり隠したりすることが少ないという特徴がある。逆に、スポーツが不得手な子どもにとっては、他者の存在によっていっそううまくできなくなる。このように自分が不得手だったり難しかったりする課題に取り組むときに他者の存在がマイナスに影響することは、「社会的抑制」と呼ばれるが、このような状況では当然のことながら、チャレンジすることの意欲も低下しがちとなる。

そして、おそらくこれが日本に特徴的なのであるが、コーチをはじめとした大人が、

[8] より最近のデータでも野球とサッカーに関してやはり同様の結果が示されている（スポーツ報知、二〇一八）。

コラム⑨　月ごとの出生率

月ごとの出生率そのものについては，1990 年では最低が 11 月の 9.6 人（1000 人あたり；以下同様）で最高が 7 月，9 月の 10.3 人，2000 年では，最低が 4 月の 9.2 人で最高が 9 月の 10.0 人であり，差はほとんど見られない（厚生労働省，2001）。また，出生率の統計を取り始めた 1899 年から戦前までは早生まれの出生率がむしろ多かったが，戦後その差が徐々になくなるようになり，1970 年頃からは月別の出生率にほとんど差が見られていない（厚生労働省，2001）。

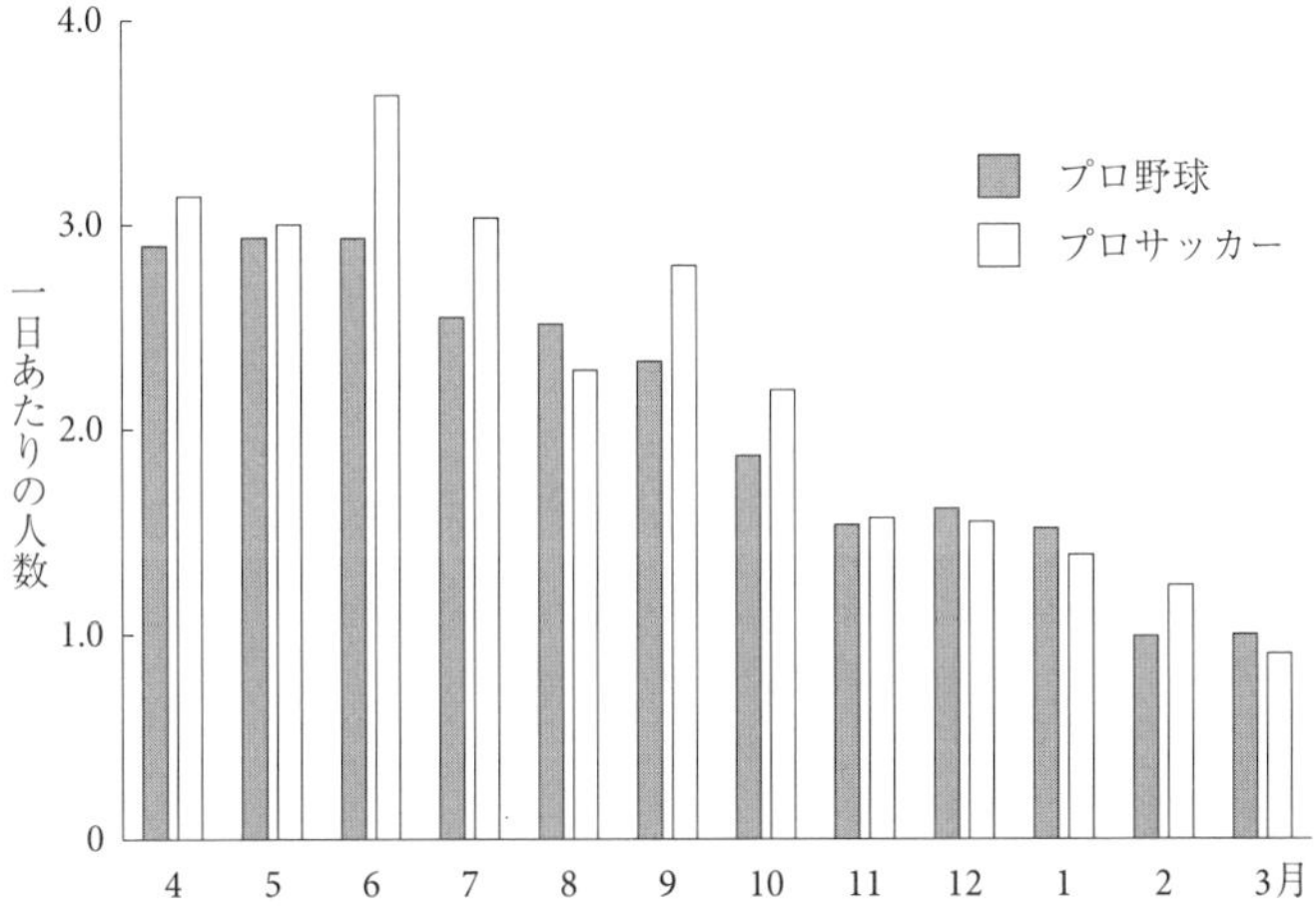

図２　プロ野球選手とプロサッカー選手の誕生月

（出典）　榊原・尾見（2005）。

子どもたち一人ひとりに着目するのではなく、学年を一つのグループとしてとらえがちであるために、たとえば小学校一年生のときに体格が立派で身体能力が高い子はチームスポーツで優遇され出場機会が恵まれるのに対して、逆に小さくて身体能力の低い子は出場機会に恵まれないといったことがあるのである。そもそも、小学校入学前後くらいであると、体格や身体能力は誕生月によってかなり異なることが考えられる。たまたま、小学校入学時の体格の大小がその後の子どもたちのスポーツの経験を大きく左右することになりかねないということである。

また、部活が始まる中学入学前後は第二次性徴の発現の時期であり、急速に身体が変化する時期でもある。ただし、その発現の時期の個人差は大きく、いつまでも小学生のような小さい子から大人の体つきになった大きな子が同一学年に同居するのが中学校でもある。

おそらく、早生まれであることがプロスポーツ選手になるのに不利であるという事実の背景には、こうした事情とそれに伴う大人のまなざしや見立てが大きく影響し、意図せざる結果をもたらしていると考えられる。誕生月による発育の早い遅いや発達のタイミングは個々の子どもたちの個性そのものであるのに、日本の勝利至上主義は、そうした個々の個性を尊重しないように仕向けていると考えられるのである。

勝利以上の価値があるとして

先に、日本の部活も純粋な勝利至上主義ではないかもしれないと述べたが、金銭の目的とは別の観点として、部活の目的はそもそも勝つことではなく、部活を通じて礼儀やあいさつといった人間として基本的なたしなみを身につけることも大きな目的の一つである、という人もいるかもしれない（第４章参照）。たしかに、部活をしている子どもたちは、学校でたまたま会う保護者に対しても大きな声であいさつしたりしてとても好感がもてるという評価を得たりする。また、運動部の顧問を対象にした調査でも、運動部の指導目標として「協調性や社会性を身につけさせる」や「精神力や責任感を育てる」が多く選ばれている（文部科学省、二〇〇二／図３）。とくに前者については、中高ともに「競技力を向上し大会で少しでも良い成績をおさめる」よりも多く選ばれており、少なくとも表面上は勝利至上主義を凌駕しているようにも見える。

もちろん部活によるそうした効果は否定しないけれども、そもそもスポーツや音楽をすることにそこまで礼儀正しさをはじめとした道徳的価値を直結させる必然性があるのだろうか。試合や演奏会でのマナーやルールは別として、本来、一般的な礼儀正しさやあいさつは、それはそれとして教育することができるものだろうし、そうある

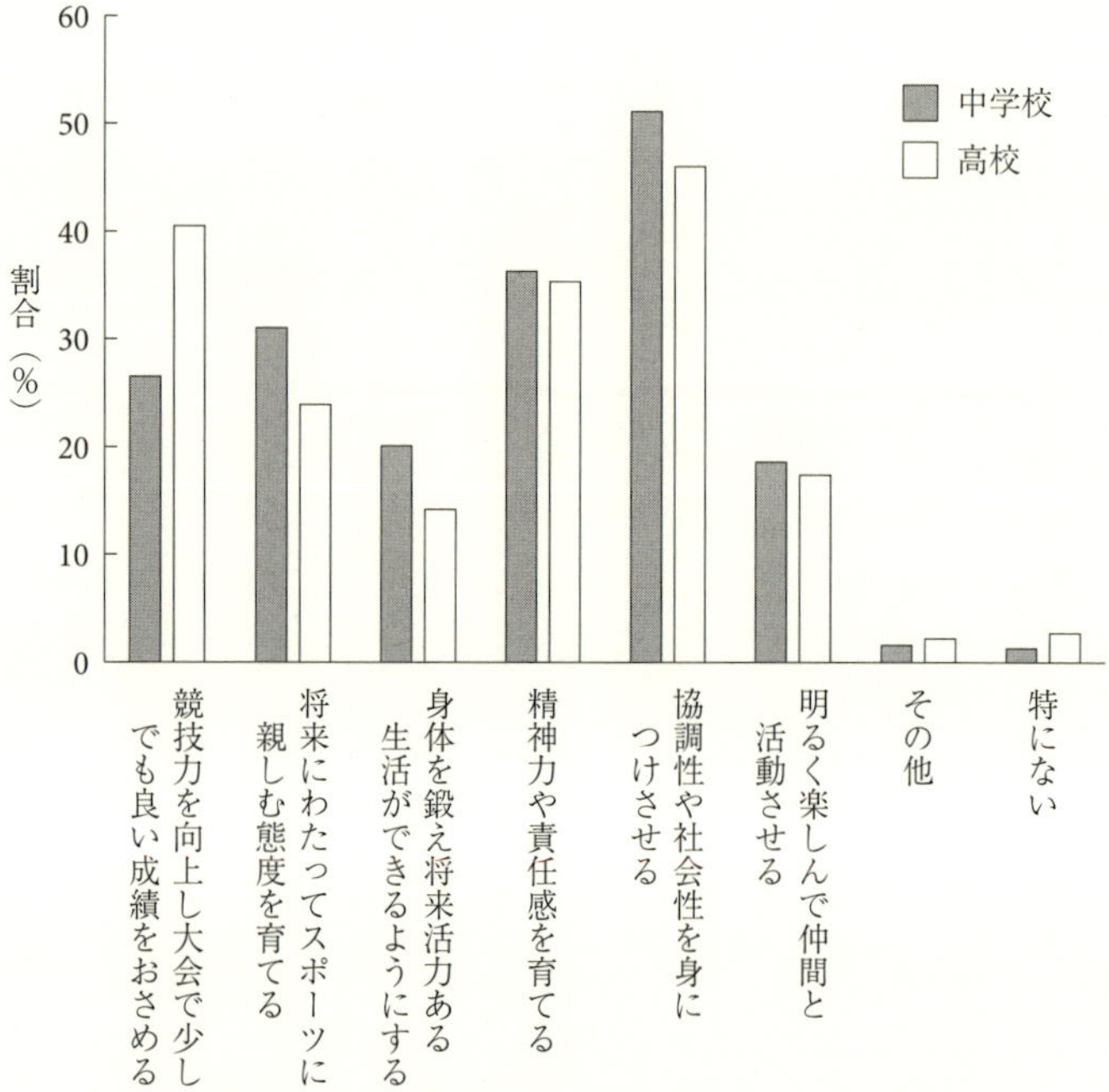

図３　顧問の考える運動部の指導目標（最大２つまで選択可）

（出典）　文部科学省（2002）より作成。

べきだろう。もしそうでないなら、部活をしない子どもには礼儀やあいさつを教えられないことになってしまう。

逆にそうした道徳的なものを部活に付与することによって、スポーツや音楽に携わることの「本来的な価値」が低められているともいえる[9]。現実問題として、たとえば、スポーツ推薦で高校や大学に進学できるのは、集団競技であっても個人競技であっても部活メンバー全員ということはなく、その中でとくに秀でた成績を残したものだけとなることがほとんどである。そのときに、推薦枠に入れなかった生徒たちに対する評価を与えるために道徳的な次元を用意しているとも考えることもできるのである（神谷、二〇一七）。

［9］スポーツを正しく理解していれば内面的な倫理観が寛容されるのに、意図的に道徳的にしようとするから弊害、悪影響が生じるという近藤（二〇一四a）の指摘は卓見である。

スポーツの本来的な価値

その本来的な価値こそが「楽しむこと（fun）」である。筆者のアメリカ滞在中も、アメリカから帰国後にヨーロッパのいくつかの国でインタビューしたときも、子どもたちがスポーツや音楽に触れることの主要な価値は楽しむことである、とコーチや保護者が話すのを何度も聞いたし、子どもたちへの指導ぶりにもそれが表れていた。課外活動としてのスポーツや芸術はもちろんのこと、そもそもアメリカの現地校では、日本人の目から見ると正課の授業も含め楽しむことにあふれていた（Omi, 2012）。
また、ドイツで人気スポーツとなっているホッケーのU－16（一六歳以下）の強豪チームのヘッドコーチへのインタビューで、チームの目的を聞いたときの答えは、次のようなものであった。

「第一に、楽しむこと、第二に、それぞれの選手が上手になること、第三に、翌年からの成人チームへの対応ができるように準備すること、第四に、チームの勝利」

ちなみにこの強豪チームは、U－16で全国一位の実績をもっているほど強いチームである。翻って部活を考えてみると、どんなに弱小なチームであっても「チームの勝利」がやっと四番目に出てくることなどありえないのではないだろうか。そしてそれ以上に、チームの目的の第一が「楽しむこと」とか言おうものなら、袋だたきにあいはしないだろうか。勝利に向けた取り組みには悲壮感すら漂い、それを物語仕立てにして美化される日本の部活。このホッケーチームはそれとはあまりに対極的な価値観をもっている。それなのに、ドイツで一位になるほどの勝利を手にしているとはどういうことなのか。

部活の場合、歯を食いしばって必死に活動することを否定すると、手を抜いたり、ヘラヘラして友人と無駄話をして集中していなかったりといったことをイメージしがちであろう。アメリカやヨーロッパの課外スポーツの練習や試合を見ていると、楽しんでいるように見えるが、それはけっして手抜きをしているとか集中していないということを意味するわけではない。たしかに、コーチの話を聞く子どもたちの姿勢が直立不動ではないし、コーチの指示に対して「はい！」と大きな声で返事するわけでもなく、日本人の目から見ると「ゆるい」感じがするかもしれない。しかし、話を聞いていないわけではないし、一つひとつのプレーそのものには集中している。オンとオフの切り替えが頻繁であり、ある意味で合理的といえるかもしれない。それに対して部活だと、練習中や試合中はずっとオンでなければならないという雰囲気がある。そして、そのオンの状態はみずから進んで作っているというより、基本的にはコーチや指導者、あるいは先輩によって作られた受け身の状態であると考えられる。

この受け身の状態は、想定外の事態に遭遇した際に、自分で何かを考えてとっさに行動することを抑制もする。コーチや顧問の指示なしには動けなくなってしまうのである（第5章参照）。大学や社会人のコーチが、考えるプレーを求めても、部活のやり方に慣れきったプレーヤーが「どのように考えたらいいのかわからない」と答えるという笑うに笑えない話もある。このことは、日本のスポーツや学校教育に対してしばしば批判的に言われる「とっさの判断が苦手」とか「正解が何かを考えてしまって臨機応変に対応できない」といった問題に通底するだろう。逆の意味で考えると、先述の通り、スポーツや音楽を楽しみながら取り組むことは、本来、自発性を養うことにつながり、それだけでなく、即興的な能力や柔軟な判断力を養うことにつながるはずである。つまり、自分で考えてプレーする、演ずるということの大事な条件に楽しむことがあると考えられるのである。そもそも勝利へのこだわりが楽しむことよりずっと低くても、勝利という結果をもたらすことは可能であり、逆に、楽しむことなど考えずに勝利にこだわれば勝てるというものでもない。

もちろん、ドーピングが世界的な問題になっているように、健康を犠牲にして勝利を目指すというやり方が日本独自のものとはいえない。アメリカに「勝利」を絶対とする精神性があるという指摘もある（関、二〇〇五）し、他の国にも似たような側面があることは否定できない。ただ、それは主としてトップアスリートのレベルの話であって、中学生前後の、しかも全国レベルにも遠く及ばないようなレベルで考えた場合、日本の部活における歪んだ勝利至上主義ぶりは国際的に見て際立っているように思える。近年、部活においても、健康、平等、個性、楽しむことなどを重視するコーチや指導者が徐々に増えてきてはいるものの、多くのものを犠牲にして勝利に至上価値をおいていることが一般的であるという点で、部活は世界の課外スポーツの中でいまだに特異であることは否定できない。

第3章

気持ち主義

部活に限らず日本のスポーツの指導者は頻繁に「気持ち」という言葉を用いる。典型的なのは「気持ちで負けるな」というものである。スポーツ番組の解説でもよく耳にする。「もう最後は気持ちですね」。

そして、たとえば、部活の試合で「気持ちで負けるな」というコーチの言葉を聞いた生徒はもちろん保護者でさえそれに同意するだろうし、視聴者の多くは解説者のコメントを聞くまでもなく「気持ちが大事」だと思っているだろう。

さて、スポーツ選手の内面に焦点をあてる場合、「精神主義」や「根性論」を用いて説明することが多いように思うが、ここではあえて「気持ち主義[1]」という言葉を用いる。「根性」の捉える範囲がやや狭いということと、後述する通り、「身体」と対立するものとしての「精神」といったニュートラルな意味合いとは異なる独特な意味を「気持ち」が担っていると思われるためである。また、精神主義や根性論を否定的に論じる人も「気持ち」を好む人は多いと思われるためでもある。そして何よりも、先

［1］「気持ち主義」は、道徳判断の際に人の気持ちを重視する日本人の特徴を指す用語（東、一九九四）として用いられることがあるが、ここでは道徳判断以外

の例にあるように部活、とりわけ運動部のシーンで頻繁に用いられる言葉だからである。

の局面を含んでおり、「気持ち」という言葉そのものを重視するという意味で用いる。

原因としての気持ち

一般に私たちは、自分や他人の振る舞いには何らかの原因があると考えている。たとえばサッカーの試合で、ドリブルが上手で相手のディフェンダーを何人も抜いていく子どもを見たときに、なにかしら上手にできた理由（原因）があると考えるものである。原因には大きく分けて外的なものと内的なものが想定されている。外的なものとは、その場の状況、そしてその人の周りにいる人たちの振る舞い、あるいは偶然などを指し、内的なものとは、その人自身が身につけているさまざまな力や資質、あるいは努力といったものが相当する。上手なドリブルの例で考えてみると、外的なものとしては、相手のディフェンスが上手でないためといった理由が挙げられ、内的なものとしては本人が毎日一生懸命ドリブルの練習をしたためといった理由が挙げられる。

そして、その振る舞いを成功と失敗に分けて考えた場合、自分の成功は、自分の能力や努力といった内的なものが原因だと考えがちで、自分の失敗はそのときの状況といった外的なものが原因だと考えがちであることも知られている。[2] たとえば、先のサ

[2] 自己中心性バイアスあるいは自己奉仕バイアスと呼ばれる。日本人の場合にはむしろ逆である（自己卑下バイアス）という知見があるものの、家族関係など心理的一体感が強い関係性の中ではやはりこの原理があてはまるといわれている（村本・山口、二〇〇三）。

ッカーの例で考えると、自分がドリブルで何人も抜いた場合（自分の成功）には自分の努力とか能力がすぐれているといったように内的な原因があると考えがちで、ディフェンダーを抜くことができなかった場合（自分の失敗）には相手がうますぎたといった外的な原因があると考えがちであるということである。

他方、私たちは外的な原因には目を向けにくく、内的な原因の方を重視しやすいこと、とりわけ他人の振る舞いに対してそれがあてはまることが知られている。[3]他人の成功、失敗については、他人との関係がどのくらい親密かによって変わってくるのであるが（村本・山口、二〇〇三）、日本では教師が生徒のミスや失敗に注目しやすいこと（第5章参照）から考えると、プレーを見る際にドリブル突破（他人の成功）よりもドリブルのミス（他人の失敗）に目がいきやすく、それには内的な原因があると考えがちだということになる。

ただでさえこのような一般的な傾向があるので、よほど注意しないと、指導者はプレーヤー（他人）のプレーを、とりわけ失敗を、プレーヤーの内的なものに求めてしまうことになる。

気持ちと振る舞い（プレー）の関連性についての見方

[3] 基本的な帰属錯誤、あるいは対応バイアスと呼ばれる。

欧米のスポーツ指導者の心と身体の関連性のとらえ方について、ベルリン（ドイツ）の一七歳以下のサッカーチームのヘッドコーチに取材調査したときの言葉が印象的であったので紹介したい。話題が体罰になったときにそのヘッドコーチが言ったのは、

「内面を豊かにしたいなら身体的に手出しをしても意味がない」

というものであった。つまり、内面の成長や改善に身体的な罰は関係ない、効果がないと考えているのである。内面の問題と身体的な問題は別であり、内面の問題を身体的な罰を与えることによって解決できないと考えているわけである。心身二元論的なとらえ方であるともいえよう。

他方、日本では、内面の問題と身体的な問題を同一次元で捉えることが多く、身体の動きにはその人の心や気持ちが表れる、そして身体の動き、すなわち姿勢や振る舞いがその人の心に影響すると考える。[4] しかも、その姿勢や振る舞いの基準として用いられるのは、もっぱら正しいかどうかであり、「正しい」姿勢や振る舞いが「正しい」心を育てるというふうにごく自然に考える。部活顧問の立場でいえば、正しいプレーをするために内面を正しいものに変えようとしがちだということになる。そして

［4］禅の考え方に、調身、調息、調心というものがあり、それは、姿勢、呼吸、心が相互に密接に関連しているというものであるが、こうした思想的背景も関わっているものと思われる。

これが問題なのだが、内面を正しくするために身体的な罰を与えることが効果的だと考えてしまう。この考え方は、ある種の修行と見なせるようにも思えるが、たとえば、技術的に未熟なために生じるような意図的でないミスは、修行で克服すべきものとは次元が違いすぎるだろうし、本来、正しいプレーや正しくないプレーというものはないようにも思える。いずれにせよ、こうしたある種の心身一元論的道徳観からは、身体を正しく鍛えることで正しい心が育まれ、心が正しく鍛えられることで正しい身体が作られるという考えが導き出される。これが気持ち主義の根幹といえるかもしれない。

このような考えによる最も大きな弊害が、「体罰の効果に勝るものはない」「叩かれて痛い思いをするから上手になる」といった信念に基づく指導である。先述したとおり、コーチから見るとプレーヤーの失敗の原因は内的なものと認識されやすいので、内面の問題と身体的な問題を一体のものと考えるなら、コーチは容易にプレーヤーの失敗に体罰を用いやすくなるということになる。部活指導においていつまでも体罰がなくならないのは、こうした幾重にも積み重なった信念体系が私たちの社会に根強く残っているためかもしれない。

また、部活における体罰は、プレーヤーのプレーの失敗に対してだけでなく、プレーヤーの態度、細かな校則や部活独自のルールからの逸脱、時に私生活上の問題に対しても用いられることがある。

たとえば、二〇一七年六月に栃木県の高校の男子バレーボール部顧問が部員である生徒を蹴った理由は、女子マネージャーと交際していたというものであった（朝日新聞、二〇一七）。部内での男女交際禁止というルールを破ったということであるのだが、私生活にまで踏み込んでルール化されているという点もまた部活らしいといえるかもしれない。そもそも、部活に限らず、日本の校則は靴下の色やスカート丈、髪の毛が直毛かどうかとか染めてないかとか、微に入り細に入り決められていることが珍しくないが、部活になるとさらに独自の規則が決められ、部員の態度や生活の仕方も含めて過剰ともいえるほどに干渉している場合がある。教師にとって部活というものは、生徒にスポーツや音楽等を教える、あるいは経験させる場であるだけでなく、広く生徒指導の場となっており、道徳教育の場となっているのである。

このように、部活、とりわけスポーツ指導に道徳的要素が多分に含まれるのは、明治期に欧米からさまざまなスポーツが流入したときからすでに始まっていたようである。なかでも当時一大人気となった野球の場合、「徳育」を重視した一高[5]の取り組みが一高野球として知られ、他校や他のスポーツに大きな影響を与えた（関、二〇一五、二〇～二四頁）。とりわけ、「一球入魂」で有名な、一高出身の飛田穂洲は、早稲田大学の野球部監督として「一高野球」を踏襲し定着させたといわれ、「武士道」と

［5］現在の東京大学。

「禅」を調和させた日本独自のエートスが創られていった（関、二〇一五、二〇～二四頁）。つまり、欧米から輸入されたスポーツは、それがそもそも保有している娯楽性などは相対的に排除され（近藤、二〇一四a）、日本独自の教育的、道徳的な色彩を多分に含んだものとして日本流にアレンジされ普及していくことになり、今日の部活に至るのである。[6]

さらにやっかいなことに、こうした部活の規則や慣習が指導者の知らないところで「裏規則」として代々受け継がれている場合さえあり、たとえばそういう裏規則に「異性とつき合ってはいけない」「耳より上で髪を結んではいけない」「キーホルダーなどをバッグに付けてはいけない」「部活中は、髪に触らない」といったあきらかに不合理な項目まであったりするのである[7]（井上、一九九七）。

勝利至上主義のもとでは、スポーツでも音楽でも上手なプレーヤー、技術的にすぐれたプレーヤーが優遇されがちになるが、では、部活内で年齢や学年を問わずに技術レベル優先の序列ができるかというと必ずしもそうではない。以前に比べれば近年は先輩・後輩の規律はかなり緩まっているとはいえ、それでもなお部活における先輩の権限は大きい。

長幼の序という長年の慣習に加え、勝利至上主義の中で先輩が後輩に対して権威を保てることの背景に、じつは「気持ち」があると考えられる。つまり、ある先輩が技

[6] 近藤（二〇一四a）はこのプロセスを「スポーツの体育化」と呼んでいる。

[7] 古い資料なので現在でもこのような「裏規則」が残っている学校があるかは不明である。ただし、体罰がなくならないのと同程度には残っていると考えても無理はないだろう。

術的に劣っていたり、後輩がレギュラーメンバーなのにその先輩は補欠だったりという場合、先輩として技術的な指導をすることは難しいかもしれないが、「気持ち」なら指導できるのである。「気持ちで負けるな」とか「気持ちが入ってない」とか、それが少しずつ高じると、あいさつの仕方とか先輩に対する口の利き方とかの指導となり、果ては上述のような裏規則にまで発展する余地があると考えることができる。

そしてこの「先輩の権威」は、部活の顧問にとっても生徒の管理上都合がよく効率的なので、かりに多少不合理な面が表面化したとしても修正されにくい。

このように考えると、部活において指導者や先輩が「気持ち」を過度に強調することは、競技や演奏等の基礎的な技術をおろそかにすることにもつながりかねないということでもあるのである。

「最後まであきらめない」

「最後まであきらめないで頑張った甲斐があった」「最後まであきらめないという気持ちが大事」というのは、部活に限らず、たとえば受験勉強や仕事でのプロジェクトのようなものも含めさまざまな場面で耳にする言葉であり、ほとんどの場合は肯定的に、そしてときに美談として語られる。

リバウンドに果敢に飛び込むプレー：「気持ち」の入ったいいプレーとして評価されることもあるが，たんなる技術と考えることもできる

たしかに、最後まであきらめずにやり遂げることは、部活であれ仕事であれ、よい結果をもたらすための重要な条件であることが多いだろう。しかしながら、それが過剰に適用されてしまうと、結果として不幸を招くことすらある。つまり、あきらめずに頑張っても、まったくよい結果にならないこともあれば、そもそもあきらめるまでもなく歯が立たない課題だったり対戦相手だったりした場合には、時間の浪費にすぎないということになることもある。そして、スポーツの場合、結果としてケガをしやすくなってしまうかもしれないのである。また、あきらめずに頑

張って何とかなるとしても、そのために睡眠時間を大幅に削減しなければならないかもしれず、ひいては私生活を犠牲にしたり健康を損ねたりすることがあるかもしれない。

この「あきらめないことの美学」は、「気持ち」さえあればあらゆる困難を乗りこえられる、できないことはない、という信念に通じており、ブラック企業やブラックバイト、そしてブラック部活を支えている価値観であると思われる。

「我慢も教育」

「あきらめない」と似たような言葉で、日本の学校教育の場でよく耳にするのが「我慢」である。

筆者の子どもたちが小学生だったときに、諸般の事情からＰＴＡの副会長を引き受けたことがあった。役割上、ＰＴＡ本部の定例会などに参加するためにたびたび学校に足を運んだのだが、そのとき気づいたのは、学校設備のあまりのひどさであった。一日でバケツがあふれるほどの雨漏りがする教室、暖房のために廊下に設置された、ホコリがこびりついた吸気口、温度や湿度に敏感な備品が置いてあるのにエアコンが設置されない音楽室や図書室等々。しかも、その小学校に限らず市内の他のいくつもの小学校で雨漏りしていることもわかり、まったくもっていつの時代の話かと思うようなありさまだった。学校教育の中身でなく外身（施設）がこれほどまでに貧相で、先進国といえるのかと疑問に感じた。日本では、立派すぎるハコモノを建設する公共事業が批判されて久しいくらいであるので、学校以外の公共施設や民間の施設はそこまですさんだ状況ではない。このことから考えると、この国がいかに教育にお金をかけないか、ということの具体的な成果（！）を見るようであった。

その思いは、アメリカ滞在中に子どもたちが通った公立学校に何度か足を運んでさらに強まった。というより、あまりの違いに愕然としたというのが正直なところである。エアコンがすべての教室に設置されていることはもちろんのこと、体育館にも設置されていた。しかも、筆者が滞在していたのは、気候としては北海道に近いマサチューセッツ州であり、夏の冷房は日本の多くの地域に比べて必要性が低い。また、アメリカの学校は夏休みが長く、六月中旬から八月末まで授業がない。体育館は、自治体によってレクリエーションやスポーツをする場として使われたりするのだが、涼しい環境のもとで、じつにのどかに楽しそうにバスケットボールなどのスポーツを楽しんでいた。[コラム⑩] かたや、東京の公立学校では、灼熱の体育館で熱中症ギリギリの状態で走りまわるプレーヤー、体育館入り口に臨時に設置された大きなファンからの生暖かい風を受けながら、玉のような汗をかきながら応援する保護者、という光景を何度も目

コラム⑩　エアコン設置率

アメリカの公立学校は格差が大きいといわれるので，一概にアメリカの公立学校が豊かとは言い切れないかもしれないが，エアコンが設置されている体育館が珍しくないという点をとっても，日本とアメリカとでどちらが豊かであるかは明瞭であるとは思う。ちなみに2017年4月現在での日本の公立小中学校のエアコン設置率は41.7％である（普通教室と特別教室の合計）。体育館になると，エアコン設置率は最も高い東京都ですら8.4％，日本全体では1.2％にすぎない（文部科学省，2017d）。

にした。

しかも、予算不足のために、公立学校の教室へのエアコン設置や、校舎の雨漏り修復ができないとの報道がなされるたびに、あろうことか、何もできない言い訳として「耐える能力が必要」「我慢するのも教育」「エアコンのような贅沢品は子どもに不要」などのコメントが出てくる。何度でも繰り返すが、いったいいつの時代を生きているのかと錯覚するほどである。おそらく、そのようなことを言う大人は自分が口にしていることのおかしさにまったく気づいていないのだと思う。自分の子ども時代を懐かしみ、いまの子どもたちに比べてあの頃はよかったと懐かしんでいるのだろう。しかし、その大人たちが子どもだった当時は、学校だけでなく、会社や役所にもエアコンはなかったし、地下鉄はもちろん、電車やバスにも設置されていなかったし、住宅にも普及していなかった。雨漏りもいまに比べればもっと身近なものだった。しかし、いまでは公共交通機関でも住宅でも、「学校以外の」たいていの建物ではエアコンが設置されているし、雨漏りする建物も相当少なくなっている。公共施設であればなおさらである。敗戦後しばらくの貧しい時代、いや、そこまで遡らなくとも、人口が増えるとともに技術革新によって豊かになっていく途上では、大人も子どもも、厳しい環境下でもお互いに我慢し合ったり、一人ひとりの精神力で乗り越えていったりする必要があったかもしれないし、そうする以外に方法はなかったのかもしれない。しかし、そうした思いをいまの時代に、自分の「いまの」生活を棚に上げて子どもにだけ押しつけるような物言いは、「気持ち主義」にすら値しないだろう。

こうした懐古趣味の価値観が、真夏の暑い体育館でカーテンを閉めてストーブを焚いてマスクをさせて練習するという方法がおかしいと思わないことにもつながるのだろう。ちなみにこの練習方法は、第1章で紹介した桜宮高校バスケットボール部で自殺した生徒の二学年上の元部員から聞いた話である。

「気持ちを一つに」のあやうさ

部活の指導者が「気持ち」を強調するときというのは、たいていの場合、当該の競技や演奏、あるいは一つひとつのプレーに熱心に一生懸命にひたむきに取り組むことを指している。ただし、その熱心さや一生懸命さ、ひたむきさというものは指導者がそれと認めないものはダメであるし、指導者の指示に従ったものでなければならない。指導者から指示された部活全体の練習方法や戦術に少しでも疑問を感じたりすることは問題視されるのである。一ノ瀬（二〇一七）は中学時代の吹奏楽部での経験を振り返り、みんなが部活に対して同じように熱い気持ちでいなければならないといった一種の強迫観念があったり、さらに、少しでも集団の意志と異なる態度を示すと、仲間から呼び出され「やる気がない」などと注意されたりすることがあったという。

つまり、「気持ち」は大事であるけれども、そしてそれは熱心に取り組んでいる様子から推し量れるようなものであるけれども、それには条件があって、〝みんなが〟同じ目標に向かって同じ方法で熱心にならなければならないのである。そのような環境では、部員一人ひとりがみずから考えることができないどころか、考えること自体否定されており、いわんや自主性や自発性が培われる余地はほとんどない。そして、その目標や方法の共有は指導者だけでなく、先輩や同級生、保護者などからも陰に陽に求められたりするのである。

「気持ちを一つに」や「心を一つに」というスローガンは正しいように感じてしまうし、集団競技に限らず、部活には一体感が大事だという考えは間違いとはいえない。

また、個々人の自主性や自発性が尊重される欧米でも、チームワークや協調性は重視されている。ただし、部活の場合、チームワークや協調性が自主性や自発性を押しつぶすほど過度に強調されているといえる。部活は、技術水準を問われずに希望者全員が入部できるので、とくに部員数が多くなると、一体感を示すのは非常に困難である。そのような条件で規律正しく一体感を示そうとすると、気持ちを一つにすることを口実に、顧問や先輩からの指示を絶対化し、個々人の判断や考えの表出などを認める余裕がなくなるのかもしれない。

山岸（二〇〇二）は、あらゆる行動を「心」の問題として安易に説明しようとする日本人の傾向を「頭でっかち」ならぬ「心でっかち」と喝破し、その具体的問題点を社会心理学の観点から取り上げたが、部活における「気持ち主義」はその最たるものかもしれない。

第4章

一途主義

「いったん自分でこれと決めたら最後まで続けなさい」と言われれば、反論はしづらいものだ。たいていの場合もっともだと思うだろうし、反論することなど思いつかない人も多いかもしれない。こうした、「一つのことを一度決めたら最後までやり遂げるべき」という価値観をここでは一途主義と呼ぶことにするが、これは前章で取り上げた「最後まであきらめない」ことが大事であるという美学にも通ずる。

「最後まであきらめない」の方は、勝ち負けの要因と見なされることも多いのに対し、一途主義は、勝ち負けよりも人としての生き方に通ずるような道徳的、倫理的側面がよりいっそう強調された価値観である。部活の場合でいうなら、一度入部したら最後まで（引退の日まで）やり続けるべき（退部否定論）ということになる。さらにいえば、原則として二つ以上の部活への加入を認めず、あるいは入部した部活以外に興味をもつことを否定し[1]、一つのことに集中すべき（掛け持ち否定論）ということも含まれるだろう。

[1] 恋愛禁止という規則も部活に一途に取り

組むことを妨げないためと考えられるが、その意味では、日本のアイドルタレントに課せられた恋愛禁止は部活の一途主義と同型であると考えることができる。

退部に対する否定感情

ところで、結婚式で永遠の愛を誓うことに疑問をもつ人は少ないと思うが、この儀式もある種の一途主義である。一夫一婦制のもとでは、夫婦が添い遂げることが基本的によいことであると考えられているし、夫の妻（あるいはその逆）に対する一途な気持ちを否定するということも基本的にない。ただし、たとえば結婚後に夫に暴力を振るわれるようになって一途な思いが冷めてしまい、結果として離婚に至ることがあるように、当初は一途な気持ちがあってもその思いがいつまでも継続するとは限らない。もちろん、暴力を振るわれるというのはやや極端な例であり、実際の離婚の理由はもっと多様だし個別的であるが、一途な気持ちを断念せざるをえないということは一般に理解されていると考えることはできる。

永遠の愛を誓う夫婦関係や恋愛関係においても、その関係を終わりにするのは、物理的にも精神的にもかなり大きな負担を伴うが、部活をやめることについても、本人にかなりの抵抗があるだけでなく、周囲からの抵抗の大きさはひょっとすると離婚、離別以上かもしれない。保護者や友人も反対することがあるし、とりわけ大きな影響力をもつ顧問は多くの場合反対あるいは慰留することになるだろう。そして、そのことによって、やめたい本人に深刻な問題が生じることがある。

たとえば、愛知県の高校生が、野球部を辞めたいことを監督（顧問）に相談したところ「逃げちゃダメだ」と慰留され、退部できないままその数カ月後にみずから命を絶ってしまったという非常に不幸な例すらある（県立刈谷工業高校生自殺事案に関する第三者調査委員会、二〇一四）。やめたい理由の一つに、本人やその他の部員に対する副部長（教師）の度重なる体罰があったという。

なお、この高校生は、退部について相談する以前に、技能五輪へのチャレンジに興味をもち、野球部との掛け持ちを考えていたのだが、そのとき相談した友人に「掛け持ちしてどちらかがお粗末になることは絶対にダメ」などと助言され、その結果、技能五輪へのチャレンジをあきらめていた。この場合は掛け持ちの否定ということになり、退部も掛け持ちも否定されるという、一途主義の二つの側面から追い込まれたと見ることができる。

また、漠然と死にたいと考えるようになるまでに追い込まれ、所属していた運動部に退部届を出した女性が、先輩や同輩から強く慰留され、同時に協調性のなさまで指摘されたという例もある（中込、一九九〇）。

どちらの事例も退部したい思いを伝えているにもかかわらず、事実上その思いが否定され、しかも「逃げちゃダメだ」という言葉や、協調性がないという指摘によって、中途で辞めることへの罪悪感を自覚させられている。おそらく、顧問も先輩たちも、こうした慰留に微塵の悪気も感じていなかったであろう。高校生である先輩や友人たちの慰留は、部活の規範に適応しただけともいえるかもしれない。しかし、少なくとも顧問の慰留は、退部を認めないという一途主義の無節操な強要といえ、こうした強要はときに凶器と化すといっても過言ではないのである。

詳細は後述するが、アメリカではこうした一途主義の精神は見られなかった。日本の小学二年生を終えてアメリカに引っ越した息子は、アメリカでの二年間、バスケットボールとサッカーをしていたので、帰国後どちらか一つに絞らなければならないことを知ると、どちらにしようかとずっと悩んでいた。彼はすっかりアメリカでのスポーツ環境にすっかり適応してしまったので、なぜ日本は一つのスポーツを選ばなければならないのか、と不満をもらすほどであった。

休むことはサボること？

退部否定論と掛け持ち否定論の中間形態のようなものとして、休暇否定論ともいうべきものがある。たとえば、家族やプライベートの都合で部活の練習を休むことを否定することである。部活で休暇をとることは「サボる」と言われ、よほどのことでない限りよくないことと見なされているのである。部活に関して中学生を対象にした調査（西島、二〇〇六）では、「部活動をサボるのはよくない」と回答した者の比率が部活動加入者の方が高く、なかでも運動部が高く九割近くの生徒がそのように考えているという結果が出ている。この質問文を「部活動を休むことはよくない」としたところで肯定する生徒の比率はさほど変わらないかもしれないが、休むことはすなわちサボることである、と無自覚的にとらえられがちであることを、この質問文自体が示しているともいえよう。この考えが極端になると、少々の発熱やケガでも練習を休むべきではないとか、フラフラになっても弱音を吐くべきではないといった指導につながり、さらには、子どもたち自身が、そのような信念をもって振る舞うべきだと考えることにつながる。たとえば、一ノ瀬（二〇一七）は、中学校での吹奏楽部員時代を振り返り、「休みたい」などとはけっして簡単には口にできず、むしろそう思うこと自体がいけないことだと思っていたと述べている。

西島（二〇〇六）は、運動部の方が文化部よりもサボるのはよくないととらえられがちな理由として、運動部の方が練習日数も多く、集団競技ではチームプレーの練習をする必要があるためにサボらずに参加しなければならないという思いが強まることを挙げている。たしかにそういう側面もあるが、実際のところはもう少し複雑な事情もある。典型的には強豪校の集団競技の場合など、部員の数が多すぎて、チームプレーの練習時間は「レギュラー」中心に割かれることがある。そういう部活では、試合でプレーすることが少なかったりほとんどなかったりする部員も出てくるので、そういう部員にとっては、チームプレーを練習する時間も少ないだけでなく、練習できたとしてもそれを試合で試すことすらできない。そうした中でもなお「サボるのはよくない」と答えているのだとしたら、それはチームプレーを学ぶといった実用的な目的ではないということになる。少なくともそれだけで説明することはできないだろう。

他方、第2章でも触れたとおり、わが子が経験したアメリカでの課外スポーツでは、家族やプライベートの都合で、練習はおろか試合のときですら、子どもたちが休むことは珍しくなかった。アメリカでは一般に、課外スポーツがシーズン制で実施されており、たとえば、秋と春、冬のそれぞれ一〇週間程度を単位に、野球、サッカー、バスケットボール、アイスホッケー、ラクロスといった競技を選ぶ。秋と春は同じ競技のこともあるが、同じ競技を選んでもよいし違う競技を選んでもよい。しかも、同じシーズンに複数の競技を選ぶこともでき、また、自治体のチーム、学校のチーム、地域にある民間クラブのチームのそれぞれを選ぶことができるので、その気になれば、秋と春にサッカーの二つのチームと野球、冬にバスケットボールとアイスホッケーのチームに所属するといったこともありうる。こうしたことが可能なのは、たいていのチームで練習は週に二回程度、試合は土日のいずれか、といったスケジュールになっ

町のサッカーチームの試合：息子はその他に，民間のサッカーチーム，町のバスケットボールチームに加入していた

ているためである。当然、いくつものチームに所属している子どもにとっては、週末に試合がバッティングしてしまうこともあるが、そういうことはどのチームのコーチも織り込み済みであり、それを見越して登録選手数を決めていたりする。[2]

さすがに中学・高校と進むにつれていくつものチームに所属しなくなっていくが、高校生になってもなお、複数のスポーツを選んでいることも珍しくない。筆者の知り合いの高校生（当時）の場合、本当はバスケットボールが好きだしそれに専念しようとも思ったが、ソフトボールの方が大学で奨学金がとりやすいからソフトボールも続けると言っていた。

[2] 第2章注3でふれたように、アメリカでは多くの場合、チームに加入するには、年度当初のトライアウトに合格しなければならない。とはいえ、日本の小学生くらいの間はじつに多様なレベルのチームがあるので、上手でないとスポーツができないということにはならない。

アメリカでも小さいうちから競技を一つに絞り込む動きがある一方、複数のスポーツを経験することにより、ケガのリスクを下げる、バーンアウトにならずにすむ、汎用性の高い運動能力を身につけることができるといった効用があるといわれている（Bergeron et al., 2015）が、その証拠を示す実証研究は研究方法の困難さもあってそれほど多くはない。それでも近年では、アメリカ中西部のＮＣＡＡ[3]の一部リーグに属する九種類のスポーツの選手の多くが高校時に一つのスポーツに絞っていなかったことが示されているなど、複数スポーツの経験の肯定的効果が明らかにされるようになってきた（Post et al., 2017）。ケガのリスクの低減に焦点をあてた知見もあり、世界最高峰のプロバスケットボール・リーグで知られるＮＢＡのドラフト一巡目指名プレーヤーを対象に、高校時に複数のスポーツをしていたかどうかによる違いを見たところ、複数スポーツの経験がケガのリスク低減に貢献していた（Bell et al., 2016）。そして、デンマークのデータでは、トップアスリートの方が、トップになりきれなかったアスリートに比べて、一つのスポーツに絞った時期が遅いことも明らかになっている（Moesch et al., 2011）。

一方、いったん部活に入ったら最後までやり続けなさい、他のことに気を散らさずに一心不乱にやりなさい、練習をサボってはいけません、という圧力の中で、いったいどういう練習をしているのかといえば、それは必ずしも効率的、効果的なものではは

[3] アメリカではＮＣＡＡ（全米大学体育協会）主催の大学対抗のスポーツの大会が大人気で、テレビの視聴率も高く、日本の高校野球に相当するようなものであるが、野球に限らず多種目である点が異なる。

ない。顧問が担当競技の素人だったり、コーチングの素人だったりすることも珍しくない（公益財団法人日本体育協会指導者育成専門委員会、二〇一四）ので、無駄が多かったり、指導法が非科学的[コラム⑪]だったりすることもある。もちろん、当該競技の経験者が顧問だったとしても、指導法が非科学的だったり不合理だったりすることもある（詳細は第6章参照）。

たくさん練習することの意味

ただでさえ、日本の学校教育では過剰なほど基礎基本が重視されているが、部活指導においてもそれは同様であり、基礎練習やその反復に多くの時間が割かれがちである。第2章でも述べたように、強豪校の集団競技の場合など、三年間、基礎練習と応援がほとんどという部員もいたりする。部活の慣習になじんでいる人なら、「試合にはほとんど出られなかったけど、野球部に入って本当によかったです」といったコメントにもとくに驚くこともないかもしれない。たしかに、キャッチボールや素振りは野球にとって重要な要素であり大事な基本であるかもしれないが、野球そのものではない。観戦者の立場に立てばわかりやすいと思うが、「野球を見に行く」というのは、野球の「試合」を見に行くことであり、キャッチボールや素振りを見に行くわけでは

コラム⑪　科学的指導

部活に限らず日本のスポーツ指導における体罰の問題が立て続けに明らかになったことを受け，文部科学省はスポーツ指導者の資質能力向上のための有識者会議を設置した。その報告書（スポーツ指導者の資質能力向上のための有識者会議（タスクフォース），2013）では，過去の経験や知識だけでは通用しない時代であることは明白であるとし，人文・社会科学的知識によって指導することの社会的意味を知り，科学の知識によってプレーヤーやチームのパフォーマンス向上に貢献し，スポーツ医学の知識によってプレーヤーのスポーツ障害等の防止につながると述べている。そのうえで，最適なコーチングを行うために必要な知識・技能の明確化とその活用を図るための方策として，「哲学や倫理，内発的動機づけ，コミュニケーション能力，リスクマネジメント，長期的なスポーツキャリアを視野に入れたコーチングの在り方等，競技横断的な知識・技能の位置づけを明確にすることが重要」であると述べており，逆にいえば，これらを視野に入れないようなコーチング・指導が日本では一般的であったということを示している。

実際には，科学的データに基づく指導という意味では，専門（医療）スタッフによる健康状態や心身のコンディションの客観的評価などを実施したうえでトレーニング計画を立てること（朝倉，1992／齋藤・小澤，2006）などがプロや大学などでは多少浸透しつつある一方，中高の部活の多くでは，経済的な問題もあり，浸透しているとはいいがたい。とはいえ，練習中に水を飲まないことが疑問視されていなかった時代もあったことを考えれば科学的な知識が少しずつではあるが浸透しているといえるかもしれない。

そもそも，指導方法が科学的であるか否かというのは評価しにくい面もあり，ある種の道徳観や価値観に依存してしまいがちなのも現実である。たとえば，「指導者が体罰するとプレーヤーが上手になる」という「理論」が少なくとも表面的には証明されてしまうことがある。少なくとも，体罰という指導方法が禁止されるのは，科学的根拠によるというよりも人権問題といった倫理的問題によるところが大きい。

ない。つまり、先のコメントは、「三年間野球をしなかったけど野球部に入ってよかった」と言っているのとほぼ同義なのである。[4]

教師の過剰労働の原因の一つに部活が挙げられるようになり、教師の部活拘束時間の見直しが始まりつつあるので、以前と比べれば練習日数や練習時間も削減の方向に向かっているが、それでも週に二日程度で一日あたり一時間半から二時間程度という欧米に比べればまだ多い。二〇一七年の実態調査(スポーツ庁、二〇一八a)においても、運動部に参加している公立中学生の五割以上、公立高校生の六割以上が学期中の平日は毎日練習しているという。しかも、夏休みなどの長期休暇は欧米では基本的には休みであるのに対し、部活だと強化期間ととらえられ練習時間が長めに設定されたりするので、その差はさらに大きいはずだ。

なぜ教師の過剰労働が問題となるくらいに部活の練習時間が長いのかを考えると、教師以外の職業人にもあてはまりそうな「勤労の美徳」といった価値観の他、①練習をすればするほど上手になるという信念、②子ども一人ひとりの個性を把握するためには、できるだけ家族のような関係を築く必要があり、そのためにも長い時間を共有する必要があるという信念、③授業終了後すぐに帰宅させたりして自由な時間を与えすぎると、何をしでかすかわからないので、放課後や長期休暇に部活の練習時間があることは生徒指導上有意義であるという信念、があるように思える。

[4] このようなコメントを可能にするのも、礼儀正しさやあいさつといった道徳的次元が部活に付与されているからかもしれない(第2章参照)。

①については、神奈川県の二〇一三年の調査（神奈川県教育委員会、二〇一四）において、運動部の週あたりの適当な活動日数を六日以上と考えている教師が三五・一パーセントにものぼることからもうかがい知ることができる。この数字は、二〇〇七年の三〇・三パーセントよりもむしろ増加しているほどであり、上手になるためかどうかはともかくとしても、連日の練習に意味があると思っている教師がいかに多いかがわかる。しかし、先述した通り、練習の内容によっては上手になるとはいえないし、休みの少ない状況だとケガもしやすくなる。一年中休みなく練習することは意図的に技能を低下させている、弱くなろうとしているのだという指摘すらある（近藤、二〇一四ａ）。また、高度経済成長期の生徒数の急増により人気部活の部員数が増加した際には、基礎的な練習の繰り返しが、体力強化という名目以上に、練習についていけない部員をふるい落とすことこそが重要だった（中村、二〇一七）ということもあり、その場合は上手になるというより、相対的に上手な子どもだけを選抜するということになる。これは実質的にトライアウトに近い仕組みであり、規模の大きい部活では似たような慣習がいまだに残っているかもしれない。

②については、生徒一人ひとりの個性を把握しなければならないという強迫的な思いが日本の教師に強いことと関連している。教室だけでは一人ひとりの生徒の思いを把握できないが、部活では教室で見せない側面を示すことがあり、そのことによって

適切な生徒指導ができるというようなことである。ここで大事なことは、生徒一人ひとりの個性を把握する目的が主体性を育むことではなく、あくまでも生徒指導であるということである。

そして、部活での共有時間でも飽き足らず、学校だけではわからない姿まで把握することを求めた究極の形態が顧問も同居するタイプの全寮制だろう。一般の教師では把握できない姿、つまり、生徒が朝起きてから通学するまで、下校から就寝まで、そして睡眠しているところまで顧問は知ることができる。ほぼ完全に生活を共にすることによって、親以上に生徒の多様な側面を知ることになる。熱心な顧問は、親御さんから大切な子どもを預かる、という思いが強くなりやすく、部活以外での生活習慣全般にわたった指導をすることになる。しつけであり、子育てそのものである。顧問と生徒が「同じ屋根の下で同じ釜の飯を食う」のは、こうした意味で理想と考えられているかもしれない。その一方で、少なからぬ場合、男性顧問の妻が「釜の飯」作りの担当者となっていて、部活未亡人[5]とは別の意味で問題視されうる。(コラム⑫)

③については、校内暴力全盛の一九八〇年前後に定着した部活の機能であり、その当時は、不良が放課後や休日に繁華街で悪さしないために部活でヘトヘトにさせたり、部活内で問題行動を起こしたらそれこそ殴ったり蹴ったり怒鳴り散らして改めさせたり、といった教師の指導は日常の風景であった。当時に比べれば、体罰による指導は

[5] 夫（教師）が部活動指導に時間を奪われ、まるで夫がいないかのような立場に置かれた妻のことを指す（内田、二〇一七、七八頁）。

コラム⑫　寮生活の背景にも勝利至上主義

とはいえ，部活の強豪校だと地域を超えて部員を集めるので，その部員たちの生活費を考えたりすると，寮生活というのは合理的な面もある。もちろん，たとえば野球部の実績作りのために全国各地から上手な選手を集めて，地元の選手がほぼいないなかで地元の代表として日本一になるといったことについては以前から賛否両論あり，部活の学校教育としての整合性については当然議論の余地がある。とくに義務教育でもある中学校の部活では，学校選択制が普及し始めたことにより，公立でも従来以上に強豪校が固定化される環境になりつつあり，問題が大きい。

あたりまえとはいえなくなってはいるが、依然としてこのような生徒指導の一環として部活が機能している面は大きい。休日も含めて、子どもたちにあまり自由な時間を与えずにできるだけ学校内で管理しようとすることもそうだし、あいさつをはじめとする基本的生活習慣を身につけさせる場として部活を活用していることも同様である。

そして、顧問がいないところでは上級生に多くの権限が与えられ、顧問の代行を可能にする「生徒（＝後輩）指導」の構図ができあがっていることもある。たとえば、甲子園出場経験のある野球部では、立ち方、あいさつの仕方、服装について、新入生が入部すると、野球部の先輩が新入生にしつけをすることになっている（平田、二〇一七）ということだが、これを例外的、特殊的であると考える人は少ないだろう。

また、中高生の部活内の人間関係の機能に関する調査結果によると、クラスメートよりも部活の仲間を志向する生徒の方が、「校則はきちんと守る」をはじめ、学校生活のさまざまな側面を肯定的にとらえる率が高い（矢野、二〇〇六）。この肯定率は学校への適応の程度とほぼ同義と考えてよいだろう。この結果から、学校のルールや仕組み[6]に従う生徒を育てるという教師の指導上の視点から見たときには、部活の仲間を志向する生徒は重要な存在になるし（矢野、二〇〇六）、そういう生徒たちの思いが顧問の代行機能を果たし、部活規範の維持に貢献しているともいえる。そして、部活を活用したこうした「生徒指導」の仕組みはいまだにうまく働いていると考えることができる。

ただし、第1章で述べたように部活は課外活動であり、本来、生徒指導の場ではないはずである。うがった見方をするなら、課外活動であるからこそ、少々乱暴な指導ができるのかもしれないし、生徒間の上下関係、序列関係を利用し、場合によっては教師の側でそうした関係作りに積極的に加担しているのかもしれない。

[6] ただし、このルールや仕組み自体を疑うことが基本的に許されないことの問題はある（第5章参照）。

個性を配慮しにくい一途主義

以上のように一途主義は、そのどの側面について考えてみても、個々の子どもたちの興味や創造力を認めないし、一言でいえば個性を認めていない。思春期を迎えるかどうかといった非常に多感な時期にある子どもたちに対して、「余計なことに興味をもつな」とか、「一つのことを選んだら迷わずに一心不乱に取り組め」という指導は、必ずしも適切であるとはいえまい。「なぜこのような練習を繰り返すのだろう」といった疑問をもったり、「別のスポーツもしてみたい」「プログラミングの勉強もしてみたい」といった一つのこと以外に興味をもったりすることはおかしなことではないし、少なくとも個性を尊重する教育を標榜するのであれば、無下に否定するのはむしろ問題であろう。学習指導要領にも示されているように、これからの社会を担う子どもたちに身につけてほしい能力として頻繁に取り上げられるものに「自ら主体的に考える力」というものがあるが、一途主義はこの能力の育成を阻害する方向に働きかねない。

このように、一見否定しにくいように見える一途主義は、現代の教育的観点から見た場合にマイナスに働きかねないと考えられるのである。

第5章

減点主義

ここまでのところで、部活において子どもたちが自分で考える機会を得にくくなっていることを何度も取り上げてきた。この背景には、「罰によるコントロール」の慣習化があると考えられる。罰によるコントロールというのは、報酬によるコントロールに対比されるものであり、日常的にも「アメとムチ」の「ムチ」の方としてよく耳にするものである。罰なり「ムチ」というのは、多くの場合、行為主体の特定の行為をなくしたい、あるいは減らしたいというときに、その主体にとって不快な刺激をその行為に随伴させることによってその目的を達成しようというものである。[1] 部活の場合、その特定の行為というのは典型的には間違いだったり、失敗だったりするし、不快な刺激というのは、叱責であったり、時に社会問題となる体罰であったりする。つまり、罰によるコントロールが慣習化しているということは、間違いや失敗に対して罰を与えることがあたりまえになっているということである。そして、それに比して、正解や成功に対して報酬やごほうびを与えることが比較的少ない事態があたりまえだ

[1] もちろん、声を出さない生徒に声を出させようとするために罰を与えるなど、特定の行為をさせたいという場合もある。この場合は特定の行為が増えることにつながるので、オペラント条件づけの

とすると、減点主義がそこに根ざしているということになる。減点主義は、間違いや失敗をなくすことを最優先させようとする価値観といえ、正解や成功に焦点化してそこを伸ばそうとする加点主義と対照的なものである。

理論では罰ではなく強化と呼び、日常的な意味での「罰」とは意味が異なる。そのため、オペラント条件づけの理論では「罰」の代わりに「弱化」という用語を用いることも多い。

プレーのどういうところに焦点化するか？

筆者にとっては、部活に減点主義が根づいていることに否応なく気づかされたのは、アメリカでの子どもたちのスポーツの様子を見聞きした経験が大きいが、日本に戻ってきてからさらに強く意識することとなった。

アメリカで子どもたちが経験した課外スポーツでは、練習でも試合でもコーチが本当に頻繁にほめていた。たとえば、息子が参加したバスケットボール・チームでは、一人ずつ順番にレイアップ・シュートの練習をしている際、〝wonderful〟〝amazing〟〝beautiful〟〝great〟〝awesome〟と言葉を変えながら一人ひとりのプレーをほめちぎっていた。[2] しかも、そのとき、子どもたちはほとんどシュートを外していたにもかかわらずである。つまり、シュートを成功させたことではなく、シュートを打つことそのものをほめているということである。それに比べて、日本だと、シュートを成功させていたとしても、「ボールをリリースするのが早すぎるっ」だとか、「楽して決めよう

［2］筆者の二人の子どもはそれぞれに楽器も習った時期があるが、その楽器教室の先生たちもやはり〝talented〟〝genius〟などと、やたらと子どもたちをほめていた。

応援席から：日本では，保護者からもミスを責めるような厳しい声かけがなされることも珍しくない。筆者自身も思い当たる節がある

としないっ」とか、あえてよくない点を見つけてはそれを指摘することすら多いだろう。

罰によるコントロールのどこが問題かといえば、子どもたちが、まずは罰を受けないようなことを考えてプレーするようになってしまうことであるし、減点されないようにプレーしてしまうことである。つまり、子どもたちはミスをしないことに集中してしまい、思い切りのよいプレー、瞬間的に思いついたプレーなどはしないように心がけるだろうし、技術的に難しいことに挑戦することはしなくなってしまうことである。無難にこなせるプレーに終始すれば罰を受けずにすむけれども、失敗を恐れずに即興的に創造的に、あるいは試行的、挑戦的にプレーすることの面白さ、そこから生まれる向上心のようなものは出てきにくい。逆に、失敗しながらもよかった側面をほめられたとすれば、困難な技術習得に取り組む意欲も湧くであろうし、当該スポーツや楽器演奏等を面白く感じるであろうし、結果として技術的向上も見込まれる。

ヘッドコーチの交代劇があった息子のサッカーチームでは、勝利にこだわるということでそれまでのコーチとの違いが強調されていたのだが（第2章参照）、ヘッドコーチが、ある練習試合のときにベンチに座っている子どもたちに指示していた内容をあとから聞いて、驚いたと同時に切なくなった。なんと、試合中のチームメート一人ひとりのミスの数を数えさせていたというのである。そういうコーチのもとでサッカーをすると、サッカー技術によほど自信のある子を除けば、自分がボールをもったらすぐにパスを出し、ディフェンスのときには積極的にボールを奪いにいかず、ほどほどの距離感でただ走るだけになる。ボールを触らなければ少なくとも目立つミスをせずに済むし、コーチに叱責を受けたりベンチプレーヤーと交代させられたりせずに済むからである。[3] 筆者は週末に行われる娘や息子の部活の試合によく顔を出したが、基本的にヘッドコーチ（顧問）は、試合の間じゅう、自チームのメンバーのミスを叱ることが圧倒的に多かった。それに比して、先述の通りアメリカではまったく逆で、ほめることの方が圧倒的に多かった。日本でもアメリカでも、よい点をほめるか、悪い点

[3] この事例は小学生のクラブチームなので部活ではないものの、部活でも類似したシーンを思い浮かべる読者も少なくないだろう。

を叱るかのどちらか一方だけが用いられているわけではないにせよ、両者を比較するとその差は本当に歴然としているといえる。
そして、この差は、放課後のスポーツや音楽活動だけでなく、通常の授業の中でも見られた。これもやはり息子のエピソード（尾見、二〇一四b）なのだが、彼が帰国直後に日本の学校への適応に苦慮していたときのぼやきが印象的であった。教師が計算問題のような課題を与えて、子どもたちが課題に取り組んでいる間に教室内を巡回して、適宜言葉かけをしたり質問に答えたりする（いわゆる机間巡視の）際のことについて次のように息子が言っていた。

「日本の先生は、答えが合ってるときに何も言ってくれないから（僕は）不安なんだ」

アメリカで息子が習った教師たちは、間違っているときより正しいとき、あるいは正しい方向で書けているときに「その調子」などと声かけをしたという。正しいときには何も言わず、間違っているときや間違えそうなときに「ここ、もう一回よく読んでごらん」などと指摘する日本とは真逆なのである。理念や理想は別にして、実質的な日本の教育の目標とは、細かなところまで厳密にかつ迅速に正答できるようになることとといえるだろう。だからこそ、日本の教師は細かな間違いを指摘し修正させる。他方、少々粗っぽくても創造的な（可能性のある）考えや表現を評価することには向かないともいえる。そして、このように唯一無二の正解を求めるやり方が、テストの点数による序列化、偏差値による序列化を容易にしており、日本における客観的で平等な入学試験[4]を支えているともいえる。

[4]　入学試験に限らず、さまざまな国家試験や資格試験、検定試験などもにあてはまる。

規律を維持するためのしかけ

第４章で紹介した、部活以外のことに興味をもつ時間的余裕を与えない「生徒指導」も、その規律の維持のために罰によるコントロールが使われていることが多い。つまり、生徒にみずから考えさせ気づかせるというよりも押さえつける指導といえる。集団競技の場合だと、練習を休んだら試合に出場させない、というのが典型である。子どもの側からすると、だからこそ、練習方法に疑問を感じたり、顧問の発言に疑問を感じたりしても、何も言わず、あるいは何も考えずに「はいっ！」「お願いします！」と大きな声で答えるといったことが習慣化する。そして、「生徒指導」という意味では、一途主義の文脈とは異なることでも罰が用いられる。たとえば、試合に出場させないという罰は、授業で携帯電話の着信音が鳴ってしまったときやユニフォームを会場にもってくるのを忘れたとき（保護者が持参することで試合に間に合ったとしても）など、部活に関連するしないにかかわらず適用される。そのほかにも、定期テストで赤点をとったときなど、学業成績が振るわなかったときの罰としても適用されることもあり、つまりは部活内外の学校生活全般が罰の対象になっている。これらの事例はいずれも実際に筆者の息子の部活で経験したことであり、似たような話は他でもよく見聞きした。集団競技でチームの要となるような生徒がこうした罰の対象となることもあるが、そのときには勝利至上主義を超えるものとして、この減点主義が適用されているということになる。

そもそも、生徒指導という文脈で考えれば、学校内外でケンカや犯罪行為をはじめさまざまなトラブルを起こさないための予防的措置として校則や部活内の規則が用意され、それは、学校や周囲の環境が荒れていれば荒れているほど厳しくなるようなものであろう。そしてその規則が維持され続けているのであればそれは、規則を破った際の罰（則）に効力があるからであろう。一昔前に現実問題として体罰が効力を発揮していたことと同じ構図で理解できる。近年では、部活においても殴る蹴るといった体罰は確実に減少している一方、怒号や罵声はまだ珍しくないし、試合出場禁止とあわせ、規律を破ったときの罰則の厳しさが規律の維持につながっているように思える。

そして、第4章で述べたとおり、顧問教師だけでなく、上級生が顧問教師から権限

コラム⑬　悪質タックル問題

2018年5月，日本大学と関西学院大学の間のアメリカンフットボールの試合中に起きた日本大学のプレーヤーによる悪質タックル問題が世間を賑わせた。タックルした本人の証言により，このときのタックルが相手のクォーターバックのプレーヤーにケガを負わせる意図でなされたことが明らかになったものの，それが誰の指示によるものかについては明瞭にはならなかった。タックルした本人は，直接的にはコーチの指示によるものであると受け止めており，監督が知らないはずはないとも感じていた一方，監督・コーチサイドはそれを否定したのである。しかし，かりに監督が直接的に指示していなくても，コーチは自分の指示が黙認されていると感じると，監督が考えている以上に極端な指示を出すことにためらいを感じないと考えることができる。本文中の「先輩」を「コーチ」に「顧問教師」を「監督」に代えればまったく同様のヒエラルキーの図式であることがわかる。

を委ねられていることも多く、たとえば剣道部でもないのに先輩が竹刀を持っていたり、先輩がしつけと称してあいさつの声の小ささについてトイレに呼び出して説教したり、といったことが行われている（平田、二〇一七）。権限を委ねるといってもそのことが明示されていることは必ずしも多くないだろうが、実際に先輩が後輩に対して不必要なほどに権威的に接していることを顧問教師が黙認していることも多いだろう[コラム⑬]。上級生が、ときとして、委ねられた権限を過大解釈して、第3章で紹介したような明らかに不合理な決めごとまで作ることさえあるのである（井上、一九九七）。

　また、部員の一部の暴力事件や飲酒等の不祥事が起こると、日本以外の国でも対外試合禁止のような措置はありうるかもしれないが、試合に遅刻したプレーヤーを当日やその後の試合に出場させないということはあまりないだろう。第4章で述べた通り、アメリカでは複数のスポーツや同一スポーツの複数のクラブに同時に加入していることも多いので、試合に遅刻したりすることは珍しいことではなかったし、そのせいで出場できなくなるということも基本的にはなかった。

体罰[コラム⑭]

罰によるコントロールとして究極のものと

コラム⑭　体罰に対する心理学の見解

心理学の観点から体罰の問題点を解説したものとして，日本行動分析学会の「「体罰」に反対する声明」（日本行動分析学会，2014）がある。この声明は，参考資料や文献リストも含め19頁に及ぶ。この声明では，殴る，蹴るといった身体に直接苦痛を与える行為や，長時間の正座や狭い部屋での監禁だけでなく，大声で脅したり，汚い言葉でののしることによって精神的苦痛を与える行為も体罰だとされている。そして，応用行動分析の視点から，本人が同意する体罰の問題点や体罰に効果があるように感じられる理由などについて丁寧に論証している。

いってよいものに体罰が挙げられるが、野球部を中心に運動部における体罰の歴史を概観した中村（二〇一七）によれば、体罰はそもそも明治期にはほとんど見られなかったが、大学や中等学校（現在の高校）での野球人気と大会（六大学野球や夏の甲子園大会）の組織化とともに一九二〇年代に発生、拡大したという。一九三四年にプロ野球が設立されると、学校における野球はもはや娯楽ではなくなり、部員間の競争が非常に激しくなり、それに伴い「監督・コーチ」「レギュラー・上級生」「控え・下級生」という上下関係を基盤にして運営されるようになった。中村（二〇一七）は、こうした部内の上下関係の成立を背景にして、体罰が発生するようになったと指摘している。そして、高度成長期には人口増に伴い部員数も増加し[5]、スポーツの成績で進学や就職ができるようになるといった社会構造的な変化が見られ、指導者や上級生は、下級生や補欠部員の自発的な退部により「適正な」人数にまで減ることを目的とし（第4章参照）、そのために日本中の運動部で厳格な上下関係を背景にした体罰が普及していったという。

　こうして、間違えたり、ミスしたり、休んだりしたりすることによって罰せられるのがあたりまえの学校で育てられる子どもたちは、罰せられること、すなわち減点されることに対して非常に過敏になり、顧問教師や上級生の顔色を見ながら活動することになるのである。

[5]　たとえば一九五九年の明治大学の野球部員は二八二名にものぼり、バットもグラブももたない球拾いですら一〇〇名以上を数えたという（中村、二〇一七）。

ところで、罰を与えることで誤りやミスをなくそうとする方法しかなかったとしても、その罰の中身が問われてもいいと思えることは多い。殴る蹴るといった体罰はもってのほかとしても、たとえば、サッカーの試合でシュートを外したプレーヤーに対して、罰として試合後にグランド一〇周とか腕立て伏せ一〇〇回、あるいはトイレ掃除といったことが課されることがよくある。ミスに対していやな思いをさせて、また同じ思いをしたくないと思わせる、そのことによって、シュートのミスをなくさせる、という理由がそこにはあるのかもしれない。しかし、たとえば、漢字テストで「罰」という漢字が書けなかったときの罰としては、二〇回「罰」という漢字を書かせるのではないだろうか。同様に、もしシュートを外したことに対して罰を課すなら、シュートの練習をさせればよいのではないだろうか。腕立て伏せを繰り返させることでシュートのスキルが高まるとは思えない。結局、次回失敗しないための合理的指導ではなく、罰を受けた子どもたちの悔しい気持ちや反発心に頼っているという点で「気持ち主義」（第2章参照）そのものであるともいえる。

「叱られる」ではなく「怒られる」

ここまでのところで、アメリカの子どもたちはほめられながら指導を受けているのに対し、日本の子どもたちは罰によりコントロールされている、あるいは減点主義が用いられている、と説明してきた。一般に「ほめる」の反対語は「謗《そし》る」「貶《けな》す」であるが、子育ての文脈では「ほめる」の反対の言葉として使われるのは「叱る」である。「ほめて育てるか、叱って育てるか」という議論を耳にしたことのある人も多いだろう。

じつは、この章まで「叱る」という言葉を使わなかったのには理由がある。部活のシーンに限らないが、指導を受ける側は「ほめられた」に対する言葉として「怒られた」を使うことが多いのである。「叱る」というのは相手の違反を糺《ただ》すという制裁行為であって感情ではない[6]（山根、二〇〇五）。他方、「叱る」と違って「怒る」というのは直接的な感情の発露を示す。子どもたちが「先生に怒られた」というのは、先生の否定的感情をぶつけられたということになる。多少言葉遊びの感はぬぐえないが、「怒る」ことは感情そのものなのでそこに理屈は不要である。子どもたちはそれを素直に「怒られた」と言葉にしているとも言えるし、「怒られた」という感情表現語自体がそのような場面を説明する慣用句となっているということでもあろう。

[6]　とはいえ、叱るときに怒りの感情が伴うことが多いので両者は混同されやすいことは確かである。

厳しさと体罰

部活の顧問による体罰の言い訳として、「「厳しい指導」がいきすぎてしまった結果、手を出してしまった」というものがある。「厳しい指導」自体は字面だけを見れば取り立てて問題視すべきではないが、その内実が怒ることであり、より具体的には怒号や罵声となると、体罰と紙一重といってよいだろう。[7]「怒られた」ということと「厳しい指導」が同じことを指しているのであれば、部活の顧問の厳しい指導は怒りによるものを意味し、子どもたちにとってみれば恐怖によって言うことを聞かされていることにつながる。つまり、理屈よりも感情を優先させた指導がなされていることになり、「怒られた」という表現がごく自然に用いられている背景にそのような「感情的な」指導がごくあたりまえとなっていることが示唆されている。

スポーツ指導にはそもそも軍隊の論理が入る余地がある、といったことが言われることもあるが、これは苦しい言い訳であり、指導者が絶対的権威のもとに怒鳴り散らすことを肯定しかねない。文字通りの「厳しい指導」は、時に必要だと思えるが、それは鉄拳制裁や怒号や罵声を認めることではないはずである。たしかに、アメリカンフットボールなどでは、ヘッドコーチの指示にプレーヤー全員が従うことで全体がう

[7] 怒号や罵声は、身体への接触を伴う罰という意味での体罰ではないが、既述（コラム⑭参照）の通り、体罰に含まれるという考え方（日本行動分析学会、二〇一四）はもちろんある。

まく機能する。しかしそれは戦略の問題であって、指導上の働きかけ方の問題ではない。海外のスポーツ指導の実態を見ればそれはよくわかる。世界一の強大な軍隊を保有しているアメリカのスポーツ指導は、少なくとも部活よりは軍隊の論理から遠いといえる。

　ときに熱血指導者と呼ばれるような部活顧問・コーチが保護者などに肯定的に評価されていることがある。それは、プロ・アマ問わずスポーツのコーチや監督に対しても同様であり、吹奏楽などの音楽指導者に対しても同様である。熱血指導者とは、肯定的、否定的を問わず、そのときに生じた感情を抑え込まずにそのまま、あるいは意図的に強く表現する人を指し、そういう指導スタイルは熱い指導と呼ばれたりもする。

　プレーヤーの成功や好結果には共に喜び、失敗やミスには怒りをぶちまける、そんな指導者がよい指導者として賞賛されることがあること自体が、体罰による指導が今なお支持されたりすることにつながっているようにも思える。そして、そのことは日本の指導者が、怒ることはできても上手に叱ることはできないことを意味しているのかもしれず、[コラム⑮] そのような指導者を取り巻く環境が、結果として、科学的な指導方法に対して反発するようなことにもつながっているように思われる。

コラム⑮　命の危険をわからせるための体罰

2018年，女子体操競技のプレーヤーがコーチから体罰を受けていたことが明らかになったとき，体操競技がときに命の危険を伴うほどのスポーツであるので強くあたってしまうこともあるといった解説もあった。言葉では伝えられないぶんを体罰で補ってもよいといっているようでもあり，問題であるといわざるをえない。命の危険をわからせるために身体的接触を伴うことがある，ということは理解可能だが，たとえ命の危険をわからせるためであっても叩くというのは論外であり体罰以外の何物でもない。

加点主義の制約

ここまでのところで、部活における減点主義を否定的に述べてきたが、では加点主義はどのくらい有意義なのだろうか。

実際、日本でも、以前に比べて「叱るよりもほめて育てよう」とほめることを推奨することは増えているように思う。その一方で、「甘やかして育てるとろくな大人にならない」とか「与えられることがあたりまえになると人のありがたみがわからなくなる」等、子どもに対する報酬が否定的効果をもつことは広く信じられているし、学校周辺でもそうした信念は一定程度受容されているようにも思われる。そして、とりわけ部活ではそういう信念は強いといえそうだ。

心理学において報酬や罰の効果を測定する場合によく持ち出されるのが内発的動機づけという概念である。[8] そして、内発的動機づけとは、外発的動機づけと対比され、外発的動機づけが、親や先生にほめられたいから、あるいは叱られたくないから勉強する、といった他者からの統制や評価などによる動機づけを指すのに対し、課題や活動そのものに対する興味や関心によって動機づけられている状態のことを指す（中谷、二〇〇六）。

内発的動機づけに及ぼす報酬の効果について国内外の研究をまとめた大河内ら（二〇〇六）によると、報酬を受けることによって内発的動機づけが低下するという知見はそれほど一般的なものではない。報酬が有害であることを主張したデシとライアン（Deci & Ryan, 1980）でさえ、それには四つの前提条件があるということを指摘したという。

報酬が有害となるための前提条件の一つは、ある特定の行動をすれば報酬が与えられることを事前に予告することである。たとえば、子どもが勉強することが特定の行動だとすると、「勉強したらゲームソフト買ってあげる」と子どもに知らせることは報酬の予告に相当するため、内発的動機づけを低下させ、その後に自発的に勉強するようになりにくいということになる。コラム⑯

二つ目は、報酬が遂行に随伴して与えられることであり、たとえば、勉強すること

[8] 内発的動機づけとは、動機づけ（motivation）の一種であるが、近年では一般社会においても、動機づけという言い方よりもむしろモチベーションというカタカナ言葉が用いられることの方が多いかもしれない。

コラム⑯　報酬予告の有害性

報酬の有害性，あるいは外発的動機づけではなく内発的動機づけが特定行動の維持や促進に大事であることを明らかにした実験としてレッパーら（Lepper et al., 1973）の実験がよく知られている。その実験では，報酬を「予告された」幼児が自由時間でお絵かきをする時間が相対的に少なかったことを示したが，同時に，予告なしに報酬を与られた幼児と報酬をまったく与えられなかった幼児との間のお絵かき時間の差は見られなかった。つまり，報酬の有害性があるのではなく，報酬予告の有害性を示した実験だったといえ，外発的動機づけそのものの限界が示されたわけではないともいえる。

とは関連づけずにゲームソフトを買ってあげることは内発的動機づけに影響を与えない。

三つ目は、報酬を与えられる前から子どもがその行動を面白がっていることであり、勉強を面白がっている子どもにあえて報酬を与えることはむしろ勉強を面白くなくさせてしまうということである。

そして四つ目は、物的な報酬であることであり、言葉による報酬、つまり言葉でほめることは、内発的動機づけに影響を与えない。また、キャメロンとピアース（Cameron & Pierce, 1994）のメタ分析からは、予告することと物的な報酬については同様な結果が得られている。

以上をふまえると、加点主義は万能ではないものの、報酬の予告をしなければ内発的動機づけに悪影響を与えず、言葉による報酬であればやはり悪影響を与えないといえそうである。後者の「言葉による報酬」というのはつまりは「ほめること」であるが、ほめることは、内発的動機づけ以外にも肯定的な効果があることが知られている。たとえば、教師や親がほめることは子どもの自尊感情にプラスの影響を与えるということ（古市・柴田、二〇一三／Stipek et al., 1992）が知られている。教育場面などにおいて自尊感情は精神的安寧の重要な指標とされており（Page et al., 1993）、子どもが失敗を恐れずに自信をもって取り組めることが子ども自身にとって望ましいことはいうまでもないだろう。文化によっては、自尊感情が高ければ高いほどよいとは限らないという見方はある（Markus & Kitayama, 1991）ものの、それでも低い自尊感情が望ましいということはまずありえないといってよいであろう。

とはいえ、ただただほめればいいのか、という反論は成り立つ。ここまでに紹介してきた知見は基本的に単発的にほめることの効果を調べた結果であり、ほめ続けるだけでまったく叱らなかった場合にどうなるか、とか、ほめ方のさまざまな違いやタイミングなどについては検討されていない。どんな悪いことをしても叱らないのがいいのかとか、作り笑顔で傍目から見ても無理していることがわかるようなほめ方でいいのか、とか、疑問が湧いてもおかしくない。部活のシーンで考えると、他の部員の前でほめているのか、一対一でほめているのかとか、どういうプレーに対してもほめているのか、上達したプレーに対して限定的にほめているのかとか、そういう違いが効果にも違いを与えるだろうという予測も成り立つ。

しかし、だからといって、ほめることの価値が低下することにはならないことはここまでの議論で明らかであり、ましてやほめない方がよいということにならないことは確認しておきたい。つまり、加点主義は一定の制約のもとで子どもの教育に肯定的に機能すると考えるべきであり、現状で減点主義が目立ちがちな部活指導にも取り入れる意義は十分にあると思われる。

なお、体罰が発覚した際の言い訳として用いられることのある「いきすぎた指導」には、指導の方向性は間違っていなかったということが含意されている。これはまさに減点主義の指導の方向性が前提となっており、「いきすぎた指導」という言い訳があたりまえでなくなるまでは、日本で加点主義が定着したとはいえないだろう。

第6章

部活に凝縮された日本文化

第2章から第5章にかけて、「勝利至上主義」「気持ち主義」「一途主義」「減点主義」の四つの観点から、主として部活の問題点、マイナスの側面について論じてきた。

もちろん、第1章でもふれたように、部活にはよい面もある。なにより、授業とは別に自分の好きなスポーツや文化的活動にふれるよい機会を提供していることはたしかである。また、スポーツにしても音楽にしても見る者に感動を与えることもある。友情を育む場になることもあれば、いい意味で人生を変える場、人間形成の場ともなりうる（中澤、二〇一七、一九五〜二一九頁／島沢、二〇一七、一八〜四七頁）。また、部活が勉学の妨げになっているかといえば必ずしもそうではなく、全国学力調査の国語や数学の正答率を見ると、部活の活動時間が平日一〜二時間の場合の平均正答率が一番高く、活動時間がゼロや三時間以上の場合が低かった[1]（国立教育政策研究所、二〇一七）。ただし、友情であれ、感動であれ、人間形成であれ、これらは本当にいまの日本で実施されている形態の「部活」でしか得られないものであるかは少し考えてみて

[1] この調査では運動部も文化部もすべて部活動として取り扱っているので、本書の「部

もいいと思う。本当に「部活」からしか得られないとすると、海外では友情や感動を得られないことになってしまうのだ。それに、部活に参加することは学校から（時に強く）奨励されることが多いので、参加すること自体が道徳的に正しいこと、参加しないことは正しくないことといった規範があるなかでの上記の学習成績だということにも目を向けた方がいいだろう。つまり、道徳的に正しいことをすることと学習成績に関連があるために、部活参加が学習成績にプラスに寄与しているように見えているだけかもしれないということである。そして、それ以上に大事なことは、平日の活動時間が三時間以上になると学習成績は低くなるということであり、かりに部活に取り組むとしても長時間の活動は学習成績にマイナスに作用することになるのである。

　また、部活は、課外活動であるにもかかわらず、教師が顧問になることが原則となっている中学校が八七・五パーセントもあり（スポーツ庁、二〇一六）、生徒に対しても事実上義務化している中学校も少なくない（中澤ら、二〇〇八）うえに、指導方法や活動時間・期間などの面から見ても日本独自の課外活動の仕組みである。少し視野を広げると、この部活の独自性は、日本の学校、そして日本社会のさまざまな側面にも共通して見られるように思える。ここまでのところでも、折に触れて述べてきたが、本章では、部活を超えた問題として日本の学校や社会、そして文化について論じながら、これからの部活のあり方について考えてみたい。

活」とは若干ズレがある。

なぜ体罰を受け入れられるのか

第3章でブラック部活について少しだけ触れたが、そのネーミングはブラック企業やブラックバイトを参照していると考えられることから、「ブラック」なのは主としてその労働環境を指していると思われる。つまり、部活の場合は主として顧問教師の労働環境がブラックであるということである。もちろん、部活の顧問を担当することに伴う教師の労働環境の問題は重要な指摘であり、一刻も早い改善が望まれる。他方、部活の問題で筆者が最も深刻だと思うのは、やはり指導に際しての体罰の問題である。体罰すること自体の問題ももちろんなのであるが、見方によっては、体罰を受けた子どもたちがその体罰に納得したり、体罰をした教師を尊敬したりすることがより大きな問題に思える。

教師が部活の顧問を負担することはあたりまえであるという強固な信念を「部活教」と呼ぶこともあるらしい（長沼、二〇一七）が、労働環境にとどまらず、組織の運営と指導の仕方、指導を受ける側の態度なども含め、誤解を恐れずにいえば、部活組織はカルト化した集団と構造的に類似している点も多い。[2] とくに、他のことに見向きもせずに一つのことに打ち込むこと（一途主義）と休日や長期休暇も含めた長時間の

[2] 石村・田里（二〇一七）は、「閉鎖的な

練習という典型的な部活の特徴は、子どもたちを閉鎖的な環境に追い込むという意味で、結果としてカルト集団の構造と類似してくる（西田ら、二〇〇九参照）。生徒の個々の特徴を把握でき生徒指導上の都合がいい寮生活も、閉鎖性を助長することになりかねないという側面をもつ。

しかも、指導をする顧問と指導を受ける生徒にとどまらず、保護者がその集団に含まれることもある。たとえば、自分の子どもが大会で好成績を収め、スポーツ推薦で有名高校や大学に進学できることに価値を置いている保護者にとっては、かりに顧問が体罰をしていたとしてもそれが公になることは余計なことどころか迷惑千万なこととなる。桜宮高校の事件のときには、ことが公になったあとでさえ、顧問を辞めさせないよう署名活動をする保護者もいたほどである（第1章参照）。顧問の指導方法を是認する保護者は、体罰を用いた指導法に問題があることを認識していたとしても、それに批判的な態度をとろうとする保護者を邪魔者扱いし、「厳しい指導は子どものためにしてくださっていることだ、いやなら直接先生に言いにいけばいい、いやだと思う生徒が部をやめればいい」と言ったりする（田中、二〇一七）。いやだと思う生徒が部をやめるというのはもっともな意見のようではあるが、子ども同士の優劣関係を親同士の関係に投映したうえで、子どもに自分の意見など言わせるな、我慢させろ、という圧力をかけて自分や自分の子どもを守ることに必死なだけだともいえる。

環境」「絶対的な上下関係」「妥協と体罰の再解釈」「勝利（目的達成）の追求」「集団への帰属意識」の五つの側面から、カルト集団と野球部の類似性を論じた。

顧問が部活への負担をみずから減らそうとしても、むしろ保護者の方が熱血指導を求め、顧問に対して「隣の中学は大会に参加しているのに、どうしてウチは出ないのか？」と言ったり、二一時頃に仕事を終え帰ろうとすると「あれ、今日は早いね」と言ったりするなど（市野、二〇一七）、顧問が土日も夏休みも部活に捧げることを当然視しているような場合もある。また、部活に情熱を注いだ顧問が退任した場合、その後任の教師は、前任者のやり方を否定することが難しい面もある（島沢、二〇一七、一四三〜一四四頁）。結局のところ、部活が課外活動であるため、指導の方法や内容、活動時間には規定がなく、顧問教師が生徒だったときの経験と、前任者や先輩顧問のやり方をまねる以外にやりようがなく、労働環境を改善しようとしても難しいのが実状である。そして、自発的であれ渋々であれ、ブラックな環境に身を投じたうえで実績を出し続けるようになると、その顧問は保護者から神様のように取り扱われたりして全能感をもってしまいやすく、道徳的判断が麻痺することにもつながってしまうのである。

体罰を受けた子どもが、受けた後ですら否定的どころか肯定的に体罰をとらえることがある背景にも、こうした部活組織の不健全性があると考えられる。第1章の表1の中で、体罰を受けたと回答している者が同時に「体罰ではなく指導と受け止めている」と述べているのが好例だが、そこでは、客観的意味としての体罰を理解し、それ

コラム⑰　認知的不協和

　体罰が肯定的に受け入れられていることは，認知的不協和理論で説明することもできる。認知的不協和とは，2 つの矛盾する考えや信念，行動などが同時に生じている際に感じる不快感のことを指し，私たちはその状態を解消しようと動機づけられるという。つまり，体罰を受けた事実と体罰はあってはならないという信念とは矛盾するが，前者を否定して「あの事態は体罰とはいえない」と解釈したり，後者を否定して「体罰があってこそのいまの自分だ」と解釈したりすることにより，不協和状態を解消していると見ることができる。

を否定しつつ、自分が受けたものは体罰とはいえない、否定すべきものではないという独特の意味づけが成立している。このような意味づけが有効である限り、体罰は脈々と生き続けることになる（Miller, 2013）。そして、体罰を受けた過去を振り返る場合、いまの自分を肯定的に受け入れることができていれば、体罰を受けたことも含めてみずからの人生史を否定しにくいという面もある。[コラム⑰] そのときの経験があっていまの自分があるというとらえ方はごく自然なものであるし、正しいとしかいいようがないからである。

　顧問による体罰の問題は、セクハラやアカハラ、パワハラと同様、権力や権限を一方的に保有している立場の者が、その非対称の関係性に気づかないことから生じやすい。だからこそ、「信頼関係ができていると思っていた」「体罰のつもりはなかった」といった、被害者や第三者から見ればありえないような言葉が出てくることがあるのである。背景はそれぞれであるし、本人に聞かないと本当のところはわからないが、実際に心からそう思ってそのように言っている可能性はあるだろう。さらに、この問題は体罰をしていなければよいということにはならないことも確認しておかなければならない。典型的な部活集団の構造がハラスメントの温床となっていて、よほど注意しないと、自覚しないままに生徒の人権を侵害してしまうことになりかねないのである。

言葉だけの「自主性」

そもそも部活が課外活動として拡大、維持されてきた背景には、日本教職員組合（日教組）による「民主教育の実現」という目標があり、日教組は、教師と生徒の「自主性」を守るために必修クラブ活動導入に対する反対運動まで行っていた（中澤、二〇一四、二〇一七）。また、現在の学習指導要領でも、部活は生徒の自主的、自発的な参加により行われるものとされている。しかし現実はむしろ反自主的、反民主的な組織になってしまっている場合が少なくないことは周知のとおりである。教師全員が部活動の顧問をすることになっていることはもちろん問題なのだが、労働組合である日教組が固執した「自主性」のために、練習時間や指導法に対する規制がかけにくくなり、むしろ労働負担の問題が大きくなってしまったことはまったくの皮肉である。

部活において生徒の自主性が育まれない理由を考えると、結局、生徒の自主性が育つのを待つ余裕がないということがあるように思われる。とりわけ規模の大きい部活の場合は、生徒同士が対等なままだと統率がとりにくいと判断するのもやむをえないであろうし、一部の生徒に大きな権限を与えることはその意味では合理的であるともいえる。ただ、その一部の生徒というのはたいてい年長者（先輩）であったり、集団競技のスターターであったりするので、結果的に部活にスクールカーストのようなものが形成されやすいことにもつながる。また、顧問がいるところでは顧問の言うことを聞くことが求められ、つまり顧問からは自立しないことが暗に求められている。部活における擬似自立性問題、つまり、一見子どもたちで自主的に運営するように見えて、顧問がいる場ではまるで自主性がなくなるという事態と似通った組織は、日本社会のそこかしこに見られ、[コラム⑱]二〇一八年に流行した「忖度《そんたく》」も部下の擬似自立性の結果と見なすことができるだろう。[コラム⑲]

コラム⑱　擬似自立組織

形式的，表面的には自主性，自発性が掲げられているが，実態としては自主性や自発性が尊重されずに問題化している集団組織は日本のあちらこちらに存在する。たとえば，PTA，町会・町内会，子ども会といった戦後に組織化，再組織化された「民主的」組織がその典型である。近年では，これらの組織では，役員のなり手がいないという問題や，入会を拒否することが増えてきたといった問題が生じている。また，やりたくない人も順番に役員になるようなルール化がなされたりもしている。

コラム⑲　日本ボクシング連盟における忖度

2018 年 7 月から 8 月にかけて，日本ボクシング連盟における会長への忖度が大きな話題となった。試合の際の審判の不明朗な判定や，あるプレーヤーに渡された助成金を本来受け取れないはずのプレーヤーに配分するよう，その受け取ったプレーヤーに圧力がかけられたという問題である。どちらも，直接関与したのは会長ではないし，会長が明示的に指示したわけではないが，審判や部下が「忖度」したと見なされている事例である。ただし，この場合もそうであるが，忖度を勝手にしたという上司の言い逃れは非常に苦しいものであり，おそらくはそのつどそのつど，部下が忖度していることを承知のうえ，黙認していると考えられる。

先輩・後輩関係の背後にある「儒教」の精神

ここまでのところで随所に先輩・後輩関係の話が出てきているように、部活の特徴を語るのに、先輩・後輩関係の問題は外せない。後輩が先輩を敬う、年下が年上を敬う、そして経験の浅い者が長く経験している者を敬うことは、日本社会では常識化していることであり、人間関係の基本的な秩序を維持するための大事な価値観であり道徳観であるといえる。

第3章で儒教の道徳的法則の一つである「長幼の序」にもふれたが、部活の規律をよくも悪くも支えているこの先輩・後輩関係は、どこまで儒教の精神に基づくと考えられるのだろうか。

じつは、儒教の影響を受けているといわれる東アジア諸国の間で先輩・後輩関係の秩序や規範に違いがあり、その背景に儒教の取り入れ方、受け入れ方の違いがあるといわれる。面白いことに、儒教のお膝元である中国では、年齢に基づく上下関係は存在しているがさほど顕著ではない。学校や職場の入学・入社年次に対してある種の上下関係が自動的に措定されるといった現象もなく、日本や朝鮮半島のような先輩・後輩関係の秩序は見られない（瀬地山、一九九七）。

さらに面白いことに、儒教の根本的な実践倫理としての「忠」と「孝」の関係について、中国の伝統的考え方では、君への「忠」より親への「孝」を重視し、朝鮮半島でも同様なとらえ方がされているのに対し、江戸期以降の日本では、「孝」より「忠」を重視し、絶対忠誠の道徳を協調するようになっていった[3]（王、一九八八）。そして、中国と朝鮮半島では血縁原理が優先され、日本のように養子縁組を多用して非血縁成員を家族に取り込むようなことは基本的に見られないのである（瀬地山、一九九七）。非血縁的な日本の家族構造は、産業化に機能的に働き、「家」は容易に「企業」へと転化したとともに、職場空間という「公」の秩序が「私」に対して優位に立つことになったと考えられるのである（瀬地山、一九九七）。これらをまとめると表2のようになる。

つまり、部活で確立される先輩・後輩関係に儒教の影響は無関係とはいえないが、儒教圏だから先輩・後輩関係が成立しているというわけではないのである。そして、顧問も生徒も家族との時間を犠牲にして部活に打ち込む様子は、部活という組織への「忠」誠が家族や親への「孝」行よりも重きを置かれるということによって説明できる。このように、日本独自の儒教の受容の仕方が日本独自の課外活動である部活と結びついていると考えられる。

もちろん、孝よりも忠を重んじる道徳観は、部活以外の組織にも染みついていると

[3] 中国や朝鮮半島では、儒教の原則からいって、孝は絶対に優先されるべき準則であり、戦場の武将は、親が死ねば戦場を捨てて、すぐに喪に服すことこそが正しい行いであり、またそうせずに戦うような親不孝者は、家臣としての信用を失った（瀬地山、一九九七）。

表2　儒教圏による「儒教」精神の違い

	日本	朝鮮半島	中国
年齢に基づく上下関係	あり		なし
君への忠か，親への孝か	忠＞孝	忠＜孝	

考えることができ、家族を顧みない「会社人間」が切実には問題視されなかったり、「サービス残業」という言葉に違和感を覚えなかったりすることにも通じるであろう。まさに滅私奉公の精神である。

教師の例を挙げると、信頼と権威の確保のために子どもや親との関係作りを大事にし、子どものためならば私生活を犠牲にすることも厭わないということがある（久冨、二〇一七）。筆者の娘が小学生のときの担任は、自身の子どもの授業参観に一度も行ったことがないことをさも誇らしげに話していた。つまり、「子どものためならば」というときの子どもに自分の子どもは含まれないのである。これは部活の顧問の話ではないが、部活の顧問であればいっそう家族を犠牲にする可能性を高めてしまうことになるであろう。第4章でふれた部活未亡人という造語がまさにそのことを示している。

「日本人は家族を大事にする」と耳にすることもあるが、これらを考えればそれは幻想であり、歴史的にも家族を大事にしないのが日本人の特徴といえるかもしれない。アメリカに比べると日本の子どもは子ども同士の関係での自立性が示されず、親に対してはより自立的であるという知見（Omi, 2012）、そして、顧問に従属的であるという実態を見れば、部活は滅私奉公の精神を培う重要な機能を果たしていると見ることもできる。

また、二〇二〇年の東京オリンピック・パラリンピック招致の際に話題となったキーワードである「おもてなし」は、ゲストの多様なニーズ、要求に対する対応力であったりホスピタリティを指したりしているが、それは滅私奉公の結果にすぎないことかもしれず[4]、部活や学校まわりにおける「耐える文化」「我慢の文化」の延長線上で語られるものかもしれない[5]。

何よりも楽しむことが大事だと言い切れるか？

近年では、世界レベルで活躍しているプロの日本人アスリートが、取材の際に「楽しんできます」「楽しんでできました」などと答えることが増えてきた。ただ、とりあえず口頭で言っているにすぎないように見えることも多い。それはおそらく、真剣勝負のスポーツを楽しむことに関する理解がまだまだ深まっていないのと、楽しむことにまつわるさまざまなボキャブラリーが不足しているからではないかと思う。そして、このことはほめる「言葉」が不足しているのと共通している。いや、厳密にいう

[4] 二〇二〇年東京オリンピック・パラリンピックの運営にあたっての労働力確保のために、文部科学省やオリンピック・パラリンピック競技大会組織委員会が、大学生のボランティアを確保しようと各大学に融通するよう穏やかに依頼していることの問題にも通じているように思える。

[5] 日本人によく見られる、みずからの子どもをほめずに子どもの友人をほめることによって、その親から自分の子どもをほめてもらうことを期待するという「投映的賞賛」（尾見、二〇一五）のプロセスは、直接自分の子どもをほめるということを我慢して、他者からほめてもらうことを

とそうではなく、辞書的には楽しいことやほめることに関するさまざまな言葉はないわけではない。ただ、少なくとも日頃の対人関係で使う話し言葉としてのボキャブラリーが貧困なのである。そしてその貧困さは、楽しむことやほめることについて長々と説明すると陰に陽にバッシングを受ける可能性を考慮していることと連動しているのかもしれない。また、アスリートでなくても、たとえばスポーツのゲームを終えた友人に会ったとき、欧米人は楽しかったかどうかを聞くのに対し、日本人は勝ち負けやスコアを聞いてしまう（近藤、二〇一四ａ）といった点にもこの問題の根深さが潜んでいるように思える。

いずれにしても、不自然さはありつつもアスリートがまずは「楽しむ」ということを口にすることで実際に楽しみを深めるという効果は期待できるので、この傾向自体は歓迎すべきだと思う。

なお、スポーツと音楽に限った話になるが、英語ではどちらも動詞にplayがあてられることが多い。〝play baseball〟〝play the piano〟のように。さらに、スポーツの場合だと「試合」は英語で〝game〟である。つまり、野球を遊び、ピアノを遊び、ゲームを遊ぶのだ。「ゲーム」というとテレビゲームの方が連想されやすいだろうし、勉学の妨げになる「遊び」が連想されがちだと思うが、そもそもスポーツの「試合」は「ゲーム」だし「遊び」だと考えるくらいでちょうどよいのだと思う。

（耐えながら）待つことだということもできるだろう。

言葉を大事にして言葉で説明する

スポーツにしても芸術にしても、その技術を言葉で表現するのは簡単でないことはたしかである。世界的にトップレベルの技術となればますますそうであろう。しかし、実際問題としてトップレベルのアスリートにも芸術家にもコーチや指導者あるいは師匠がいるわけであり、スポーツの場合だととくに、技術的にはコーチや指導者の方が低いレベルにいることが多い。だとすると、技術面でのコーチングにおいてもパフォーマンス以上に言葉が大きな意味をもってくると考えられる。

部活の練習や試合の際に顧問が発する罵声も「言葉」ではあるが、罵声の場合は、言葉そのものよりも指導者の怒りの状態を伝えることが主となる（第5章参照）。そうではなく、言葉を言葉として伝え子どもたちのパフォーマンスの維持や修正に肯定的な影響を及ぼすような指導が必要である。そして、子どもたちにも、疑問や自分の状態を言葉によって説明することを求める必要があるだろう。相撲取りが典型であるが、日本人アスリートの言葉には個性が感じられないことが多い。もちろん、近年、徐々に変わってきていることはたしかであるが、「頑張ります」「最後まであきらめなかったので、こういう結果につながったのだと思います」といった定型的なコメントを聞くことが少なくない。アスリートの言葉が個性的になり、豊かになるためには、指導者や先輩が絶対的権威とならないようにしなければならないだろう。そして、おそらくこれこそが科学的指導・トレーニングの基盤になるはずである。

ちなみに、言葉できちんと説明することの問題は、けっしてアスリートの問題だけではない。欧米に比べて日本の母親が子どもの感情に訴えがちで（東ら、一九八一）、言語的接触よりも非言語的接触が多いこと（Lebra, 1976）、幼児教育では言語の発達よりも情操教育が中心であること（佐藤、二〇〇一）などから、日本人は言葉で説明することを（あくまでも相対的にだが）あまり重視しないのである。

生涯スポーツ・生涯学習の基盤づくりとエリート養成

現在の部活には、大きく二つの目的が併存しているように思える。一つ目は、学習指導要領の文言にあるように学校教育との一貫性を求めたり、スポーツや芸術に親しむことで豊かな人間性を形成したりするといったもので、それは、学校教育を終えたあとも視野に入れた生涯スポーツや生涯学習の基盤づくりにも寄与するものである（かりにL〔Life-span〕活動とする）。二つ目は、エリート養成であり、高度なパフォーマンスを求め、そのための技術の習得に力を注ぐものである（かりにH〔High-performance〕活動とする)。試合やコンクール、コンテストに一定以上の実績を残すことに重きが置かれる。そこで勝利した者の一部がスポーツや芸術の部門のプロフェッショナルになることにもなる。

現状の部活では、加入が生徒たちの自由意志に基づいており、同一部内でも生徒間で技術的な面での大きな差があることが多いが、そのことによって、二つ目の目的の達成に向けて、とくに集団競技の場合などは一部の生徒を優遇せざるをえないことになる。そして、大会で実績をあげることは学校や保護者からも評価されることなので、よりいっそう二つ目の目的が優先されることになりがちなのが現実である。ただし、厳密にいえば、二つ目の目的であるエリート養成というのは結果としてそういう側面が大きいというだけのことであり、大会での実績を目的にすることは、エリート養成にマイナスの効果をもたらすことさえある。たとえば、高校野球で有能な投手が、公式戦の予選や本大会での目先の勝利を優先しすぎるあまり肩を酷使し、再起不能になってしまうといったことがある。[6]

このような矛盾に満ちた部活をすっきりさせるためにも、ここではこの二つの目的に沿って組織を分けることを提案したい。

まず、部活という名前を残すかどうかは別として、現在の部活は、上記第一の目的のための活動とすべきである。希望者は全員加入することができ、集団競技であるな

〔6〕二〇一八年の夏の高校野球でも、決勝に残った秋田の県立高校の投手が投げすぎかどうかが議論となった。

ら、原則としてすべての生徒の試合出場を保証し、それが可能なだけのチーム数を確保する。そして、たとえばスポーツであるならある程度の緊張感のもとでゲームをすることも必要なので、対外試合は行うが、近隣市町村程度の範囲内でのものとし、都道府県大会や全国大会は実施しない[7]。一つの学校でチームが組めないような場合は合同チームでもよい。一回につき二時間以内で週二、三回の練習、土日のいずれかに試合、という形式とする。夏休みなどの長期休暇は原則として休みとする。コラム⑳

アメリカのようにシーズンごとにスポーツを選べるような仕組みにできれば、さらによいだろう。小学生時代から一つのスポーツに特化することといくつものスポーツを経験することはいずれも、専門的な能力を高めるうえでは同じ程度の効果があるが、後者の場合は自分に合った、あるいは自分の好きなスポーツに出会う確率を高めるので、生涯にわたってスポーツを楽しむ人を増やすことにつながる（Côté et al., 2009）のである。第４章では複数のスポーツを経験することの効用についての知見を紹介したが、早期に一つのスポーツに特定することの利点を示す証拠は見出されていない（Freeley et al., 2016）。また、ティーンエージのトップアスリートの九割強が一〇年後にはドロップアウトしているというスペインのデータも示されている（Latorre-Román et al., 2018）。つまり一〇歳代でトップクラスの成果を残したとしても、その成績を持続させるのは確率的に非常に困難であり、プロのアスリートとして生計を立てることを

［7］戦後間もない一九四八年三月の文部省通達「学徒の対外試合について」における各学校段階の対外試合のあり方に戻ればいいともいえる。その通達では、小学校では校内にとどめる、中学校では校内に重点を置き、校外の場合は宿泊を要しない小範囲にとどめる、高校では地方大会に重点を置き、全国大会は年一回程度にとどめること、とされていた。

コラム⑳　スポーツ庁のガイドライン

スポーツ庁は，運動部活動の在り方に関する総合的なガイドライン（スポーツ庁，2018b）において，画期的な基準を明示した。たとえば，中学校運動部の大会の見直しについては以下のように述べている。

「……都道府県中学校体育連盟及び学校の設置者は，学校の運動部が参加する大会・試合の全体像を把握し，週末等に開催される様々な大会・試合に参加することが，生徒や運動部顧問の過度な負担とならないよう，大会等の統廃合等を主催者に要請するとともに，各学校の運動部が参加する大会数の上限の目安等を定める」。

また，休養については，

「運動部活動における休養日及び活動時間については，成長期にある生徒が，運動，食事，休養及び睡眠のバランスのとれた生活を送ることができるよう，スポーツ医・科学の観点からのジュニア期におけるスポーツ活動時間に関する研究も踏まえ，以下を基準とする。

○　学期中は，週当たり2日以上の休養日を設ける。（平日は少なくとも1日，土曜日及び日曜日（以下「週末」という。）は少なくとも1日以上を休養日とする。週末に大会参加等で活動した場合は，休養日を他の日に振り替える。）

○　長期休業中の休養日の設定は，学期中に準じた扱いを行う。また，生徒が十分な休養を取ることができるとともに，運動部活動以外にも多様な活動を行うことができるよう，ある程度長期の休養期間（オフシーズン）を設ける。

○　1日の活動時間は，長くとも平日では2時間程度，学校の休業日（学期中の週末を含む）は3時間程度とし，できるだけ短時間に，合理的でかつ効率的・効果的な活動を行う。」

と述べており，筆者の提言と同じ方向性といってよい。とはいえ，筆者の提言は，後述のとおりエリート養成を部活から切り離すことを前提にしているのでさらに踏み込んでいる。

見込むことは非常に難しいということでもある。そうであるならば、やはり部活の一途主義はエリート養成としても合理的でないということになる。かりに、課外活動の時間をスポーツだけに費やすとしても、身体の成長のスピードがおさまってくる時期までは複数のスポーツを経験する方がよいのである。

当然のことながら、L活動だけでは物足りない生徒もいるので、そのために、都道府県大会やそれ以上の大会に参加できる組織を作る必要はあるだろう。こちらは基本的には地域クラブを単位とし、トライアウト（選抜）による加入方式とする。それでもやはり日本型のトーナメントの数は減らし、すべての試合に勝たなければならないと考えずにすむような工夫は必要だろう。また、L活動に比べて高額の費用がかかることも必然だろう。

そして、L活動とH活動を兼ねることができ、相互の行き来をしやすい仕組みができるとよいだろう。

指導者問題

L活動はいまよりも時間的な拘束が減るので、教師が義務的に顧問にならなければならないとしてもいまよりはずいぶん改善されることになる。現状よりも労働環境が大幅に改善されることにより、教師からの協力は得られやすくなるとは思う。[8] 授業期間中も、これまで以上に授業の準備や家族との時間をとることができるだろうし、長期休暇にはリラックスした時間を十分確保することができるようになるだろう。

問題はH活動の方である。現在の部活でも教師でない指導者を外部指導者として依頼している中学校、高校はあるが、部活の枠内でのものであるため、「責任の所在が曖昧」「パイプ役に教師の負担」といったデメリットが指摘されている（中澤、二〇一七）。したがって、H活動は、完全に学校の教育活動の外側に設定すべきであろう。部活を地域に移行してしまうと経済的弱者の活動機会が得られなくなるという懸念（中澤、二〇一七）は、L活動で保証すればいいので問題はない。

また、教師ではない外部指導者が適切な指導をできるのか、といえば必ずしもそうとはいえない。日本では、スポーツができれば教えられると短絡的に考えられているため、指導者の質が上がらない大きな原因となっているという指摘もあるほどである（近藤、二〇一四b）。また、そもそも部活の顧問になりたくて教師になっているという人もいるわけで、そういう教師のために、兼業規定を緩和して、H活動の指導ができるようにし、指導報酬も得られるような仕組みにすればよいだろう。つまり、競技性の高いH活動を学校の管轄から形式的に切り離すことにより、教師の労働環境をまずは改善するとともに、高いレベルで指導したい教師が指導できる環境は残すというこ

[8] そうであったとしても、顧問就任を義務づける悪習は早々に終えるべきであろう。

とである。現実問題として、地域で競技性の高いレベルの指導ができる指導者を集めたり、施設や設備を整えたりすることは簡単なことではない。指導者として現在の部活の顧問を活用しない手はないし、学校にある施設や設備を使わない手はない[9]。

そして、L活動とH活動とでは求められる指導技術が異なるとはいえ、どちらについても研修制度の確立が必要だろう。とりわけ、H活動では指導報酬が出ることも併せて考えれば、体系だった研修を定期的に実施することが求められる[コラム㉑]。こうすることで、現在の地域クラブにおける指導法の問題を同じ土俵で取り扱うことができるようになる。

「部活を地域に委ねるとオカネがかかるようになる」はどこまで本当か

H活動は事実上地域のクラブとなるので、加入するにはオカネがかかることになる。部活のよい点として家庭の経済的な理由に関係なく加入できる点が挙げられることがある。L活動ならオカネがあまりかからないが、本格的にスポーツや芸術活動に取り組むためにH活動に参加しようと思ったときに経済的弱者が不利になってしまうことを防ぐ手立てはないだろうか。

[9]　部活顧問の教師に対する指導報酬が確保できるのであれば、少人数の学校の統廃合を進めて教師一人あたりの負担を減らし、学校内部にH活動を残すという考え方もありうるとは思う。

コラム㉑　経験者の指導力

運動部に限定した話ではあるが，指導している者のうち，現在担当している競技の経験者は中学校で47.9％，高校で55.0％であり，約半数の指導者は未経験者である（公益財団法人日本体育協会指導者育成専門委員会，2014）。未経験者はたしかに当該競技の指導ができない可能性が高いが，では逆に経験者であるなら問題ないかというとそういうわけでもない。「名選手，名監督にあらず」ということもよく聞かれる。何よりも，体罰で問題になっている指導者の多くは経験者であり，プロ・アマ問わずメディアで話題になるほどの体罰事件では指導者が実績を伴った経験者であることは珍しくない。桜宮高校のバスケットボール部顧問もそうであるし，2013年に発覚した女子柔道の日本代表監督もそうであった。また，たとえば，理科の授業を長年受け続けてきたからといって，しかもその間ずっと理科が好きだからといって，理科の指導が上手にできるか，と考えればわかるように，経験は必ずしも指導力に結びつくとは限らない。こうした事実を前にすると，経験者であるか否かを問わず指導者に対する研修が不可避であることがわかる。

じつは、現在の部活も、たとえばスポーツの強豪チームは遠征や合宿その他でけっこうな費用負担がある。主力メンバーの保護者が中心となってそれなりの額の部費を集めたりする。思いがけず公式戦で勝ち進むことで臨時に徴収が行われることもあれば、顧問のさまざまなニーズに応え、臨時に部費を徴収することもある。実際、そこまで技術レベルの高くない筆者の子どもが加入していた部活でも、ユニフォーム代や月々の部費の負担を理由にして退部する生徒もいた。その意味では、現在の部活でも経済的弱者が参加できているというわけではないのである。

とはいえ、都道府県のトップレベル、あるいはさらにその上のレベルでの活動を考えれば、運営費や遠征費がそれなりの額になることは必然であり、経済的に恵まれない子どもがH活動に参加できるようにするために、世帯所得に応じて費用を免除する仕組みを作る必要があるだろう。

スポーツや芸術にはオカネがかかるという事実に向き合う

現在の部活は、高いレベルのスポーツや芸術活動に多額のオカネが必要であることから目を背けているように見える。日本の学校教育ではオカネの問題を扱いたがらない、というよりは、オカネを汚らわしいものとしているように思える。部活の手当が出ないことや教師の給与が割に合わないことを問題視すると、教師は聖職であるとか、オカネのために教師をしているのか、といった声が出ることがあったりもする。清貧に甘んずるのを由とする倫理観が教師に求められているといえるかもしれない。

とくに、人気スポーツとして歴史のある野球がその好例といえる。連日生中継で全国放送され、夏の風物詩ともいわれる高校野球の全国大会[10]の入場料は、外野席当日券が五〇〇円などとかなりの割安に設定されている。他方、アメリカの小学生、中学生のバスケットボールの大会では入場料を徴収していたが、大人五ドル（約五〇〇円）だったので甲子園の外野席とほぼ同額である。この大会は州よりも狭い範囲の大会であるうえ、週末の一日か二日を利用したものであり、とくに優勝チームを設けることがないこともあったりするなど、運営コストはそこまでかからないように見えるようなものであるにもかかわらずである。しかも、日本の部活のような、献身的に貢献するマネージャーもいない。つまり、日本では、中高生の大会運営は、顧問やマネージャー、そしてプレーヤーたちによる多くの無償労働から成り立っていると考えられる。

関（二〇一五、六四頁）は、全国大会で勝ち上がることになったときに二〜三週間程度の滞在費を寄付に頼らなければならない理由を日本のアマチュアリズムの精神に求めている。しかし、部活が社会問題化され変容しようとしているこの機に、そのような精神からも決別した方がよいように思う。アマチュア・スポーツでも規模が大きく

[10] 春の大会は新人戦にすぎないが、やはり全試合ライブ中継である。他の部活と比べて野球が別格であることを示しているが、部活の種目によってマスメディアの扱いがここまで不平等でよいかどうか、あらためて考え直すべきだろう。

なればなるほど運営にはオカネがかかるものであることを明示して、対価を得る仕組みにあらためることにより、運営を透明化し、絶対的指導者を生まないような自立的な組織に作り替えることが望まれる。たとえば、きちんと入場料を徴収することなどが、経済的格差を埋めるための資金を獲得することにもつながるのではないだろうか。

内申点と推薦入学

先に、スポーツや音楽で実績をあげている顧問が保護者から神様扱いされることがあると述べた。部活の顧問がそれだけの絶対的権威、権限をもってしまう背景の一つに進学をはじめとした卒業後の進路に関して重要なポジションにあるということがある。

高校入試や大学入試の評価対象となる公的な調査書・内申書に、部活に積極的に参加したかどうか、どのくらいの成績を残したかどうかは、推薦入試などで一定の効力をもつだろうし、実績しだいで内申点に加算されることもある。スポーツ推薦や芸術系の推薦になればその効力はいっそう大きくなることはいうまでもない。そして、スポーツや芸術で実績を残した生徒を受け入れたい側からすると、プロ・アマを問わず、たとえば他の大学ではなくうちの大学を選んでほしい、他のチームでなくうちのチームを選んでほしいという思いから、中学や高校の部活顧問にアプローチする。他方、生徒や保護者の側からすると、希望の上位学校あるいはプロやアマのクラブやチームへの入学・加入について顧問に頼ることになる。こうした意味で、実績をあげている部活顧問は生徒の進路について要となる立場にあるのである。絶大な人事権をもっているといってもいいだろう。非常にすぐれた生徒を推薦する際に、単独では推薦枠には入れない生徒を抱き合わせて推薦してもらうという「ワザ」をもつ顧問もいると聞く。

また、第4章で述べたように、部活の実績は学校自体の評判にもつながり、少子化のなか、入学者の確保に貢献するので、学校内でも強い発言権をもちうる。もちろん、そういう立場を利用しない教師も少なくないだろうが、利用しようと思わなくても利用することへの誘因力は非常に強いといわざるをえない。その立場にあることの自覚が乏しいと、たとえば、高校野球で実績をあげた生徒が自分の推薦する進路を選択しないときに「君の進路は野球部の実績にもなるのだよ」（平田、二〇一七）と翻意を迫り、生徒の自発性を押さえつけ自身の権威の確保、そして保身に走ることすらありうる。第2章でも述べたように、筆者の子どもたちの身近でも、高校や大学のスポーツ推薦を得るためにオカネが動くといううわさをたびたび聞いた。

ひょっとすると、部活の顧問が、授業中とは人格がまるで異なるような罵声を発したり体罰したりする背景には、正課の教育活動以上に事実上の大きな権限をもってしまうこともあるのかもしれない。そして生徒やその保護者にとってみれば、少しでも条件のいい環境でスポーツや音楽に取り組めると考えれば、顧問による体罰に異議を唱えにくくなるとも考えられるのである（日本行動分析学会、二〇一四）。

慣習を変えることの難しさ

桜宮高校の事件以来、これだけマスメディアやネットメディアで体罰に対するバッシングがあり、文部科学省からは体罰禁止との通達があるにもかかわらず、いつまでも体罰がなくならない。それどころか、保護者や生徒たちの中にも一部容認されている。

生徒の進路に多大な影響力をもちそれを悪用する教師もいる一方で、ブラック部活と呼ばれるほどの過酷な労働環境もなかなか改善されない。子どもが減り、教師の数も減っている学校でも部活の数は維持していたりする。部活は教師の人事評価に使われることもあるし（中澤、二〇一七、一〇九頁）、教員採用試験の志願書等に部活に関する記載を求めている自治体は二〇一三年現在でなんと六七分の六三である（神谷、二〇一五）。授業の指導力以上に部活への貢献具合が評価の対象になってしまいかねない。部活は課外活動であり、教師にとって顧問を引き受けて放課後や週末の時間に指導監督する義務はないのに、である。

考えてみれば「帰宅部」というのも妙な表現である。「どの部活にも入っていない」といえばいいだけなのに、部活に入っていないことすら「帰宅部」という「部活」に入っていることにされてしまっている。生徒たちにとっては、そのくらい部活に入ることがあたりまえのことになっていて、だからこそ、入らないことはよほどの事情でもない限り「変わったこと」と見なされ、ましてや部活をやめるなんて正気の沙汰ではないことになってしまう。

このように私たちの社会に定着し慣習化されたものはそれに少々問題があったとしても、それを変えることは非常に難しい。何よりも、定着し慣習化しているということはその周辺のさまざまな慣習とも密接に関連しているので、修正すべき点を一点突破で変えればすむというものでもない。まさに部活文化である。そのことを筆者も理解しているつもりではあるが、ここまでのところで制度的なことを中心に非現実的かもしれない改善案を提示してきた。

最後にまとめもかねて、将来に向けて、指導者が部活に内在する四つの主義をどのように考えていけばよいのかについて述べていきたい。

先述の通り、競技性のあるスポーツや芸術活動である場合、もちろん、勝つことには意味があり、勝つことにこだわらないということにはならないはずである。気持ちを大事にすることも、一つのことに集中することも、けっして問題ではない。そして生徒を叱ったり失敗を指摘したりすることが必要なこともあるだろう。要するにこれらが主義にならなければいいわけである。いまよりも少しでも勝利へのこだわりを減らすこと、いまより少しでも気持ち以外の具体的な言葉で説明すること、いまより少しでも生徒の多様な可能性を見つけること、いまより少しでも生徒のよいところをほめること、そういうことから始めていけばよいのではないかと思う。

それが個々の生徒の個性に合わせた指導につながり、生徒一人ひとりが楽しみながら個人あるいはチームの技術的な向上の手段について考えられるようになり、そのことによって結果的に勝利に結びつけば理想的だろう。そして、複数のスポーツ競技、スポーツと音楽など、多彩な才能を開花できるような個人がいま以上に現れることになればよいだろう。

部活を取り巻く状況は刻々と変化しており、とりわけ部活の顧問をされている方の中には、本書で書かれていることはちょっと前までの部活であり、いまは全然違う、と批判的に読まれた方もいるかもしれない。実際に、生徒たちの個性に合わせた練習に取り組み、保護者や生徒と対等な形でコミュニケーションをとり、生理学的、栄養学的な観点からさまざまな専門家の知見を取り入れている部活顧問にも話を聞いたことがあるし、そのような顧問も増えていると思う。とはいえ、いまだに部活に苦しめられている教師や生徒がいるのも事実である。なぜ、「課外」活動の問題で、教師が鬱状態になったり、生徒が不登校になったり転校を余儀なくさせられたり、みずからの命を絶つことまで考えたりするのか。その理不尽さは、個々の教師の良心に委ねるだけでは改善しないだろう。運動部に関してはコラム⑳でも紹介したスポーツ庁によるガイドラインが示されたこともあり（スポーツ庁、二〇一八b）、各学校で部活の練習日数や一回あたりの練習時間あるいは下校時間を決めているにもかかわらず、保護者が地域のスポーツクラブの名義で施設を予約し生徒たちを集め練習しているという例も聞く。しかも、そのことが顧問にも知らされていて顧問がそこでも指導をしていることがあるという。週二日の練習でも技術の向上が見込めるといってもなかなか理解できないだろうし戸惑いも大きいだろうが、科学的かつ合理的な指導法を取り入れる部活が少しでも増えることによって、保護者や一般社会の常識を少しずつ変えていってほしい。

部活が日本文化を凝縮しているなら、きっと部活の変革が一般社会の常識をも変革することにつながると確信している。

あとがき

じつは本書は当初、別の出版社からの刊行を考えていた。編集部の決裁が無事通ってあとは出版社としての最終決定を待つだけという話だったのだが、みごとにその段階でボツになってしまった。編集部で通った企画がボツになるのはめったにないことのようであり、部活を否定するようなものへの抵抗の結果のようであった。担当編集者は非常に恐縮していたが、このことで部活の問題の根深さをいっそう痛感することとなった。

それならなおのこと部活問題を扱う書を公刊しなければ、という使命感のようなものがわき上がったが、出版を引き受けてくれる出版社がなければどうにもならない。そんなとき、二つ返事で出版を引き受けてもよいと言ってくださったのが、ちとせプレスの櫻井堂雄さんであった。しかも、ただ引き受けていただいたというのではなく、いくどとなく適切なご助言をいただいた。たとえば、当初は教職科目の授業のテキストになるような企画だったが、部活論を正面から書いた方がよいのではないかという櫻井さんのご助言が決め手となり、本書の構成もすっきりしたものに修正された。おかげで余計なことを考えずに素直に部活について論じることができた。感謝の意を表すとともに、本書の刊行が、産声を上げて間もない出版社のイメージを損ねないよう願うばかりである。

また、本書は、筆者自身の経験をベースにしており、そうした手法は、オートエスノグラフィーと呼ばれることもある。とはいえ、オートエスノグラフィーそのものが心理学の手法として定着しているとはいいがたいし、そのことを脇に置いたとしても、本書の内容が心理学の研究成果としては稚拙な部分も多いことは自覚しているつもりである。それでもなお、本書は心理学を学んできた筆者だからこそ描ける「部活」論だと信じている。どこまで独りよがりでない部活論として仕上がったかは読者のみなさんの判断に委ねたい。


本書は、本文中に何度も引用した娘の遥菜と息子の駿斗がいなければ書けなかったし、そもそもここまで部活に好奇心をもつことはなかったと思う。二人がそれぞれに部活でつらい思いをしていたときにはあまり役に立てず、このような形で二人の経験を利用することになり、少し申し訳ない気持ちもある。また、妻の依子からは、折に触れて部活問題の考え方や発想のヒントをもらった。いま思えば夢のようなアメリカ生活を家族ですごしたことそのものが部活研究につながったし、本書の刊行にもつながった。家族との生活そのものが本書に結実しているという意味でも、三人には本当に感謝している。

それから、一年を超えての在外研究を認めてくれた山梨大学、および教育学研究科（当時）の先生方には本当に感謝申し上げたい。アメリカの課外スポーツへの興味を深め、現地の人たちから学ぶという意味で、大変貴重な時間をいただいた。

なお、アメリカから帰国後は、それまでまったく採択されなかった科研費助成を受けることができた（ＪＳＰＳ科研費JP17K04347、JP26380876）。部活（BUKATSU）を研究対象と本格的に考えるようになったのは帰国後なので、そのタイミングで助成を受けられなければただの思いつきに終わっていたかもしれない。

部活（BUKATSU）研究は、筆者を取り巻くこうした社会的環境があってこそのものである。この恵まれた環境に重ねて感謝し、本書を閉じたい。

二〇一八年一〇月

八王子の自宅にて

尾見康博

*URLは二〇一八年一二月確認

文献

朝日新聞（二〇一七）「正座させ「これは体罰だ」バレー部コーチが部員蹴る」一一月三〇日デジタル版

朝倉利夫（一九九二）「スポーツ（主としてレスリング）の科学的トレーニング法に関する調査研究」『国士舘大学体育研究所報』九、四七～五三頁

Axelrod, R. (1980) Effective choice in the prisoner's dilemma. *Journal of Conflict Resolution*, **24**, 3-25.

東洋（一九九四）『日本人のしつけと教育――発達の日米比較にもとづいて』東京大学出版会

東洋・柏木恵子・R・D・ヘス（一九八一）『母親の態度・行動と子どもの知的発達――日米比較研究』東京大学出版会

Bell, D. R., Post, E. G., Trigsted, S. M., Hetzel, S., McGuine, T. A., & Brooks, M. A. (2016) Prevalence of sport specialization in high school athletics: A 1-year observational study. *American Journal of Sports Medicine*, **44**, 1469-1474.

Bergeron, M. F., Mountjoy, M., Armstrong, N., Chia, M., Côté, J., Emery, C. A., Faigenbaum, A., Hall, G. Jr., Kriemler, S., Léglise, M., Malina, R. M., Pensgaard, A. M., Sanchez, A., Soligard, T., Sundgot-Borgen, J., van Mechelen, W.,

Weissensteiner, J. R., & Engebretsen, L. (2015) International Olympic Committee consensus statement on youth athletic development. *British Journal of Sports Medicine*, 49, 843-851.

Cameron, J., & Pierce, W. D. (1994) Reinforcement, reward, and intrinsic motivation: A meta-analysis. *Review of Educational Research*, 64, 363-423.

Côté, J., Horton, S., MacDonald, D., & Wilkes, S. (2009) The benefits of sampling sports during childhood. *Physical and Health Education Journal*, 74(4), 6-11.

Deci, E. L., & Ryan, R. M. (1980) The empirical exploration of intrinsic motivational processes. In L. Berkowitz (Ed.), *Advances in experimental social psychology* (Vol. 13, pp. 39-80). New York: Academic Press.

Freeley, B. T., Agel, J., & LaPrade, R. F. (2016) When is it too early for single sport specialization? *American Journal of Sports Medicine*, 44, 234-241.

古市裕一・柴田雄介（二〇一三）「教師の賞賛が小学生の自尊感情と学校適応に及ぼす影響」『岡山大学大学院教育学研究科研究集録』一五四、二一五～二二一頁

平田貴弘（二〇一七）「高校野球体験記」教育科学研究会編『教育』五月号、五～九頁、かもがわ出版

久冨善之（二〇一七）「教師の献身文化」『日本の教師、その12章——困難から希望への途を求めて』新日本出版社

市野司（二〇一七）「部活動顧問を抜けて」教育科学研究会編『教育』五月号、一三～一七頁、かもがわ出版

一ノ瀬りの（二〇一七）「吹奏楽部で体験してきたこと」教育科学研究会編『教育』五月号、九～一三頁、かもがわ出版

井上雅博（一九九七）「部活の先輩・後輩関係が裏の規則をつくっている――職員研修課題として取り組んで」『月刊生徒指導』八月号、一八～二一頁、学事出版
石村広明・田里千代（二〇一七）「スポーツ集団における体罰についての一考察――野球部とカルト宗教集団との類似性を手掛かりに」『天理大学学報』六八（三）、六一～七四頁
神谷拓（二〇一五）『運動部活動の教育学入門――歴史とのダイアローグ』大修館書店
神谷拓（二〇一七）「運動部活動の保守性と新自由主義」『現代思想』四月号、四五（七）、一一四～一二四頁
神奈川県教育委員会（二〇一四）『中学校・高等学校生徒のスポーツ活動に関する調査報告書』http://www.pref.kanagawa.jp/docs/cy3/gkt/documents/sportskatsudouchousa_201412.pdf
県立刈谷工業高校生自殺事案に関する第三者調査委員会（二〇一四）『県立刈谷工業高校生の自殺事案に関する報告書』http://www.pref.aichi.jp/uploaded/attachment/40948.pdf
木戸彩恵・サトウタツヤ編（二〇一九）『文化心理学――理論・各論・方法論』ちとせプレス
公益財団法人日本体育協会指導者育成専門委員会（二〇一四）『学校運動部活動指導者の実態に関する調査報告書』http://www.japan-sports.or.jp/portals/0/data/katsudousuishin/doc/houkokusho.pdf
国立教育政策研究所（二〇一七）『平成29年度全国学力・学習状況調査報告書【質問紙調査】』http://www.nier.go.jp/17chousakekkahoukoku/report/data/17qn.pdf
近藤良享（二〇一四a）「Ⅱ基調講演「スポーツ指導と体罰――倫理なくしてスポーツなし」」冨永良喜・森田啓之編『「いじめ」と「体罰」その現状と対応――道徳教育・心の健康教育・スポーツ指導のあり方への提言』金子書房、一一五～一三〇頁

近藤良亨（二〇一四b）「なぜ部活動の体罰・暴力が表面化しないのか――スポーツと体罰に関する調査を手がかりに」冨永良喜・森田啓之編『「いじめ」と「体罰」その現状と対応――道徳教育・心の健康教育・スポーツ指導のあり方への提言』金子書房、一四二～一五六頁

厚生労働省（二〇〇一）『「出生に関する統計」の概況――人口動態統計特殊報告』http://www.mhlw.go.jp/toukei/saikin/hw/jinkou/tokusyu/syussyo-4/index.html

Latorre-Román, P. Á., Pinillos, F. G., & Robles, J. L. (2018) Early sport dropout: High performance in early years in young athletes is not related with later success. *Retos*, 33, 210-212.

Lebra, T. S. (1976) *Japanese patterns of behavior*. Honolulu: University of Hawaii Press.

Lepper, M. R., Greene, D., & Nisbett, R. E. (1973) Undermining children's intrinsic interest with extrinsic reward: A test of the "overjustification" hypothesis. *Journal of Personality and Social Psychology*, 28, 129-137.

Markus, H., & Kitayama, S. (1991) Culture and the self: Implications for cognition, emotion, and motivation. *Psychological Review*, 98, 224-253.

増田貴彦・山岸俊男（二〇一〇）『文化心理学――心がつくる文化、文化がつくる心』上下、心理学の世界専門編９、培風館

Miller, A. L. (2013) *Discourses of discipline: An anthropology of corporal punishment in Japan' schools and sports*. Japan Research Monograph 17. Berkeley Institute of East Asian Studies.

Moesch, K., Elbe, A. M., Hauge, M. L. T., & Wikman, J. M. (2011) Late specialization: The key to success in centimeters, grams, or seconds (cgs) sports. *Scandinavian Journal of Medicine & Science in Sports*, 21, e282-e290.

文部科学省（二〇〇二）『運動部活動の実態に関する調査（平成13年）の結果』http://www.mext.go.jp/b_

menu/shingi/chukyo/chukyo5/009/gijiroku/__icsFiles/afieldfile/2011/09/14/1310757_04.pdf
文部科学省（二〇一三）『体罰の禁止及び児童生徒理解に基づく指導の徹底について（通知）』http://www.mext.go.jp/a_menu/shotou/seitoshidou/1331907.htm
文部科学省（二〇一七a）『中学校学習指導要領』http://www.mext.go.jp/component/a_menu/education/micro_detail/__icsFiles/afieldfile/2018/05/07/1384661_5_4.pdf
文部科学省（二〇一七b）『高等学校学習指導要領』http://www.mext.go.jp/component/a_menu/education/micro_detail/__icsFiles/afieldfile/2018/07/11/1384661_6_1_2.pdf
文部科学省（二〇一七c）『平成28年度公立学校教職員の人事行政状況調査について』http://www.mext.go.jp/a_menu/shotou/jinji/1399577.htm
文部科学省（二〇一七d）『公立学校施設の空調（冷房）設備設置状況調査の結果について』http://www.mext.go.jp/b_menu/houdou/29/06/__icsFiles/afieldfile/2017/06/09/1386475_01.pdf
村本由紀子・山口勧（二〇〇三）「〝自己卑下〟が消えるとき――内集団の関係性に応じた個人と集団の成功の語り方」『心理学研究』七四、二五三～二六二頁
長沼豊（二〇一七）『部活動の不思議を語り合おう』ひつじ書房
中込四郎（一九九〇）「運動部離脱が対人関係の変化への契機となった事例」『日本体育学会第41回大会号』一九六頁
中村哲也（二〇一七）「運動部における体罰の構造と対応策」教育科学研究会編『教育』五月号、四三～五〇頁、かもがわ出版
中谷素之（二〇〇六）「動機づけ――情意のはたらき」鹿毛雅治編『教育心理学』朝倉書店、一二〇～一

三七頁
中澤篤史（二〇一四）『運動部活動の戦後と現在――なぜスポーツは学校教育に結び付けられるのか』青弓社
中澤篤史（二〇一七）『そろそろ、部活のこれからを話しませんか――未来のための部活講義』大月書店
中澤篤史・西島央・矢野博之・熊谷信司（二〇〇八）「中学校部活動の指導・運営の現状と次期指導要領に向けた課題に関する教育社会学的研究――8都県の公立中学校とその教員への質問紙調査をもとに」『東京大学大学院教育学研究科紀要』四八、三一七～三三七頁
日本経済新聞（二〇一七）「2審も元顧問の責任認める　大分の高校生、部活中に熱中症で死亡　福岡高裁」一〇月二日 https://www.nikkei.com/article/DGXMZO21789250S7A001C1ACYZ00/
日本行動分析学会（二〇一四）「「体罰」に反対する声明」http://www.j-aba.jp/data/seimei.pdf
日本陸上競技連盟（二〇一六）「日本陸連栄養セミナー２０１６「陸上選手の貧血について考える」を開催しました。」四月二二日 http://www.jaaf.or.jp/news/article/5196/
西田公昭・渡辺浪二・角山剛・山浦一保（二〇〇九）「社会集団の健康度診断とその事例研究」『日本社会心理学会第50回大会・日本グループ・ダイナミクス学会第56回大会合同大会発表論文集』二六～二九頁
西島央（二〇〇六）「生徒が部活動に期待していること」西島央編『部活動――その現状とこれからのあり方』学事出版、四一～五五頁
王家驊（一九八八）『日本儒学の比較』六興出版
大河内浩人・松本明生・桑原正修・柴崎全弘・高橋美保（二〇〇六）「報酬は内発的動機づけを低めるのか」『大阪教育大学紀要 第Ⅳ部門 教育科学』五四、一一五～一二三頁

Omi, Y. (2012) Collectivistic individualism: Transcending a traditional opposition. *Culture & Psychology*, 18, 403-416.

尾見康博（二〇一四a）「指導者からの体罰を肯定する若者たち――部活にとどまらない体罰の「効果」」『日本教育心理学会第56回総会発表論文集』七七一頁

尾見康博（二〇一四b）「アメリカからの帰国生とその家族が日本で困っていること（連載：アメリカの学校から見えてくること――言葉の問題だけではない日米の教育の違い）『児童心理』一一月号、一一九～一二五頁、金子書房

尾見康博（二〇一五）「フランス中学生のスポーツ環境から見た日本の部活動――bukatsu の文化心理学（1）」『日本心理学会第79回大会発表論文集』一二五六頁

尾見康博・榊原禎宏（二〇〇六）「学校歴にもとづく時間リズムがプロスポーツ選手になる確率に及ぼす影響――アメリカの野球とイタリアのサッカーを事例として」『山梨大学教育人間科学部紀要』七（二）、一八九～一九二頁

大阪市（二〇一七）「平成28年第5回教育委員会会議」http://www.city.osaka.lg.jp/kyoiku/page/0000363520.html

Page, A., Ashford, B., Fox, K., & Biddle, S. (1993) Evidence of cross-cultural validity for the physical self-perception profile. *Personality and Individual Differences*, 14, 585-590.

Post, E. G., Thein-Nissenbaum, J. M., Stiffler, M. R., Brooks, M. A., Bell, D. R., Sanfilippo, J. L., Trigsted, S. M., Heiderscheit, B. C., & McGuine, T. A. (2017) High school sport specialization patterns of current Division I athletes. *Sports Health*, 9, 148-153.

齋藤実・小澤聡（二〇〇六）「高等学校の剣道強化合宿時におけるスポーツ医・科学的サポートの実践」

『専修大学体育研究紀要』三〇、一三〜一八頁

榊原禎宏・尾見康博（二〇〇五）「誕生月はプロスポーツ選手になれる確率を変えているか？——日本の教育実践における社会的背景」『山梨大学教育人間科学部紀要』七（二）、一八九〜一九三頁

佐藤淑子（二〇〇一）『イギリスのいい子 日本のいい子——自己主張とがまんの教育学』中央公論新社

瀬地山角（一九九七）「東アジア版「イエ社会論」へ向けて——家族の文化比較の可能性」『家族社会学研究』九、一一〜二一頁

関朋昭（二〇一五）『スポーツと勝利至上主義——日本の学校スポーツのルーツ』ナカニシヤ出版

島沢優子（二〇一四）『桜宮高校バスケット部体罰事件の真実——そして少年は死ぬことに決めた』朝日新聞出版

島沢優子（二〇一七）『部活があぶない』講談社

週刊大阪日日新聞（二〇一三）「桜宮高体罰問題　市教委との主導権争いに」一月二六日 http://www.pressnet.co.jp/osaka/kiji/130126_01.shtml

Shweder, R. A. (1990) Cultural psychology: What is it? In J. W. Stigler, R. A. Shweder & G. Herdt (Eds.), *Cultural psychology: Essays on comparative human development* (pp. 1-43). Cambridge, New York: Cambridge University Press.

スポーツ庁（二〇一六）『平成28年度全国体力・運動能力、運動習慣等調査報告書』http://www.mext.go.jp/sports/b_menu/toukei/kodomo/zencyo/1380529.htm

スポーツ庁（二〇一八ａ）『平成29年度「運動部活動等に関する実態調査」集計状況』http://www.mext.go.jp/sports/b_menu/shingi/013_index/shiryo/__icsFiles/afieldfile/2017/11/20/1398467_01_1.pdf

スポーツ庁（二〇一八b）『運動部活動の在り方に関する総合的なガイドライン』http://www.mext.go.jp/sports/b_menu/shingi/013_index/toushin/__icsFiles/afieldfile/2018/03/19/1402624_1.pdf

スポーツ報知（二〇一八）「【選手名鑑を読む】プロ野球は4〜7月、J1は上半期生まれが圧倒的　身長さば読みも判明？！」四月九日 http://www.hochi.co.jp/baseball/npb/20180407-OHT1T50216.html

スポーツ指導者の資質能力向上のための有識者会議（タスクフォース）（二〇一三）『スポーツ指導者の資質能力向上のための有識者会議（タスクフォース）報告書：私たちは未来から「スポーツ」を託されている――新しい時代にふさわしいコーチング』http://www.mext.go.jp/b_menu/shingi/chousa/sports/017/toushin/__icsFiles/afieldfile/2014/06/12/1337250_01.pdf

Stipek, D. J., Recchia, S., & McClintic, S. (1992) IV. Study 2: 2-5-year-olds' reactions to success and failure and the effects of praise. *Monographs of the Society for Research in Child Development*, 57, 39-59.

田島信元編（二〇〇八）『文化心理学』朝倉心理学講座11、朝倉書店

田中由美（二〇一七）「度を超えた部活動を見守る難しさ」教育科学研究会編『教育』五月号、一七〜二〇頁

内田良（二〇一七）『ブラック部活動――子どもと先生の苦しみに向き合う』東洋館出版社

山岸俊男（二〇〇二）『心でっかちな日本人――集団主義文化という幻想』日本経済新聞社

山根一郎（二〇〇五）「怒りの現象学的心理学」『椙山女学園大学文化情報学部紀要』五、七一〜八四頁

矢野博之（二〇〇六）「部活動の中の生徒の人間関係」西島央編『部活動――その現状とこれからのあり方』学事出版、五六〜七一頁

図子浩二（二〇一四）「コーチングモデルと体育系大学で行うべき一般コーチング学の内容」『コーチング

学研究』二七、一四九〜一六一頁

文献

ま行

や行

ら行

さ行

索　引

著者

尾見 康博（おみ やすひろ）

1994年，東京都立大学大学院人文科学研究科博士課程中途退学。博士（心理学）。山梨大学大学院総合研究部教授。

主要著作に，The potential of the globalization of education in Japan: The Japanese style of school sports activities (Bukatsu).（*Educational contexts and borders through a cultural lens: Looking inside, viewing outside*. Springer, pp. 255-266, 2015年），*Lives and relationships: Culture in transitions between social roles*. Advances in cultural psychology.（Information Age Publishing, 2013年，共編），『好意・善意のディスコミュニケーション ── 文脈依存的ソーシャル・サポート論の展開』（アゴラブックス，2010年）など。

日本の部活（BUKATSU）
——文化と心理・行動を読み解く

2019年3月20日　第1刷発行

著　者　尾見 康博
発行者　櫻井 堂雄
発行所　株式会社ちとせプレス
〒157-0062
東京都世田谷区南烏山 5-20-9-203
電話　03-4285-0214
http://chitosepress.com
装　幀　髙林 昭太
印刷・製本　大日本法令印刷株式会社

ISBN 978-4-908736-11-7　C1011